CHAQUE PIÈCE, **20** CENTIMES.
730ᵉ LIVRAISON

THÉATRE CONTEMPORAIN ILLUSTRÉ

MICHEL LÉVY FRÈRES, ÉDITEURS
RUE VIVIENNE, 2 BIS

LA CROIX DE FEU
OU LES PIEDS-NOIRS D'IRLANDE
MÉLODRAME EN TROIS ACTES

PAR

FONTAN ET MALLIAN

REPRÉSENTÉ POUR LA PREMIÈRE FOIS, A PARIS, SUR LE THÉATRE DE LA GAITÉ, LE 29 JUILLET 1838.

Distribution de la pièce

O'NEIL, fermier	MM. MONTIGNY.	PATRICK, vieux serviteur d'O'Neil	PRADIER.
HARRISSON	DELAISTRE.	AUTRES GARÇONS DE FERME	
DANIEL, fils adoptif de Flanagan	FILLON.	UN PIED NOIR	ADRIEN.
FLANAGAN	DESHAYES.	SARAH, femme d'O'Neil	Mlle STÉPHANIE.
ANNIBAL MARMADUKE, schériff de Dublin	CHALET.	ÉDITH, leur fille	Mme GAUTHIER.
DUGALD, paysan irlandais	ÉDOUARD.		

La scène se passe en Irlande.

ACTE PREMIER

Un site sauvage. Des arbres sur l'avant-scène et un cabaret avec une branche de pin. Un banc de bois près d'une charmille devant le cabaret. Au fond, une montagne escarpée sur laquelle sont çà et là des blocs de granit.

SCÈNE PREMIÈRE

FLANAGAN, sortant du cabaret. Ah! ils ont cessé pour quelques instants de chanter leurs psaumes, et je puis prendre l'air, sans que leur maudite musique vienne m'écorcher les oreilles.

SCÈNE II

FLANAGAN, DUGALD.

FLANAGAN. Ah! voilà Dugald!
DUGALD, lui serrant la main. Bonjour!
FLANAGAN. Bonjour. Je t'attendais!
DUGALD. Je n'ai pu quitter mon travail plus tôt!... mon damné de propriétaire ne voulait pas me laisser partir!... et puis, j'avais, suivant ta recommandation, à prévenir nos camarades.
FLANAGAN. Ils viendront?
DUGALD. Tous!
FLANAGAN. C'est bien!... Tu as dû passer près de la cha-

pelle? est-ce que la cérémonie funèbre n'est pas terminée?

DUGALD. Quelle cérémonie?

FLANAGAN. C'est aujourd'hui que les protestants font un service pour leurs frères qui ont été trouvés morts dans leur ferme incendiée il y a deux mois.

DUGALD. Ah! c'est singulier... c'est aujourd'hui aussi qu'on juge, à Dublin, les nôtres, qu'on accuse d'avoir commis ce crime.

FLANAGAN. Et qui sont innocents! Dieu le sait!

DUGALD. J'en jurerais par le salut de mon âme... je ne croirai jamais que ta bonne vieille femme, Meggy, et John, le frère de notre Daniel, aient commis cette méchante action!... Quant aux autres...

FLANAGAN. Les autres ne sont pas plus coupables; seulement, comme ils sont catholiques, on les a jetés d'abord en prison, sauf à les faire pendre plus tard!

DUGALD. Allons donc!... il n'y a pas de preuves.

FLANAGAN. On en trouvera!... Tiens, j'ai vu il y a deux heures à peu près, quand les protestants se sont dirigés vers le petit temple qu'ils ont bâti là-bas (il indique le fond), j'ai vu passer le vieux O'Neil, notre ennemi le plus acharné. Il doit se rendre à Dublin pour déposer dans l'affaire, et sois certain que tout ce qu'il pourra dire pour faire condamner nos frères, il le dira!... J'ai craint un moment qu'il ne m'ait aperçu... Il aurait été capable d'aller dénoncer ma retraite au schérif, qui est venu aussi, lui, au service!...

DUGALD. Je croyais que les poursuites dont tu étais l'objet avaient cessé?

FLANAGAN, avec émotion. S'il en était ainsi, Dugald, est-ce que je serais ici caché, osant à peine me montrer qu'à la nuit, quand je sors de ma bonne vieille femme va se décider... quand John est en danger de mort?... Non, non, je serais à Dublin, à côté d'eux comme Daniel... A propos de Daniel, il t'a bien promis, n'est-ce pas, de nepas quitter Dublin avant que tout ne soit fini!

DUGALD. Il me l'a encore répété ce matin au marché, où j'étais allé vendre deux paires de bœufs pour mon maître.

FLANAGAN. Pauvre Daniel!... il est bien affligé... autant pour moi que pour lui... Par bonheur, il n'a pas à craindre que la justice du roi l'arrête, lui... quoique ce soit un brave enfant de l'Irlande.

DUGALD. Et je plus intrépide Pied-Noir de tout le comté! (On entend un grand bruit au dehors.) Quel est ce bruit? on dirait de gens qui se querellent!

FLANAGAN, allant au fond. En effet!... un homme en poursuit un autre qui fuit?... deux femmes cherchent à le retenir... c'est O'Neil! (Le bruit redouble.) Ah! ils viennent de ce côté!...

SCÈNE III

LES MÊMES, O'NEIL, SARAH, ÉDITH, le contenant.

O'NEIL. Laissez-moi... laissez-moi!...

SARAH. Mon ami!...

ÉDITH. Mon père!...

O'NEIL, cherchant à se débarrasser d'elles. Mais laissez-moi donc!... quand je vous dis que je veux châtier cet insolent!...

SARAH. Mais il ne t'a rien fait, ce malheureux!

O'NEIL. Il ne m'a rien fait?... N'est-ce déjà pas assez que d'être venu insulter à notre douleur, dans le temple saint où nous étions agenouillés? mais qui n'est pas de notre religion, lui qui est catholique enfin!

SARAH. Il n'avait que des intentions pieuses; il te l'a répété lui-même; il n'est d'aucune religion quand il s'agit de prier pour les morts.

O'NEIL, avec violence. Je ne veux pas qu'il prie pour nos morts, moi! qu'il prie pour les siens, si cela lui est agréable... et surtout qu'il ne souille pas le saint temple de sa présence!

SARAH. Dieu est partout, mon ami!

O'NEIL. Allons, silence!... vous allez me donner tort comme à votre ordinaire, dire que je n'entends jamais raison, que je suis violent, emporté, méchant; en vérité, c'est à lasser la patience d'un ange du ciel. (À Sarah.) Toi, plus que ma fille encore!... quand j'exprime les sentiments de haine qui débordent de mon cœur pour ces vils ennemis qui nous outragent, tu me parles de patience, de résignation!... Je crois, Dieu me pardonne, qu'il me tueraient que tu aurais des larmes et de la pitié pour eux.

SARAH. Oh! tu es injuste, O'Neil! parce que Sarah ne sait pas haïr, tu penses que Sarah n'a ni énergie ni courage; tu te trompes!... Que quelque danger te menace, et tu verras si j'hésite à le défendre ou à te venger.

O'NEIL, s'asseyant brusquement sur un banc. C'est égal, vous n'êtes pas de bonnes protestantes.

Sarah et Édith vont près de lui.

FLANAGAN, à Dugald. Éloignons-nous, car la patience commence à m'échapper!

Il rentre avec Dugald dans le cabaret.

SCÈNE IV

LES MÊMES, hors FLANAGAN et DUGALD.

O'NEIL. J'en suis pour ce que je vous ai dit!... Cet homme n'est venu au temple que pour nous braver, pour jouir de notre affliction et de notre désespoir; et maintenant, tenez, je parie qu'il est à raconter à la paroisse voisine ce qui vient de se passer entre nous!... Chacun rit en l'écoutant et se moque de moi, j'en suis sûr.

ÉDITH, doucement. Si cela est, mon père, ces gens commettent une mauvaise action, car la douleur de ceux qui pleurent sur des morts est une douleur sainte et sacrée.

O'NEIL, avec ironie. Oh! je m'étonnais de ne vous avoir pas encore entendue joindre vos reproches à ceux de votre mère!... ses leçons vous ont plus profité que les miennes, à ce qu'il paraît.

ÉDITH. Elle m'a appris à consoler plutôt qu'à maudire.

O'NEIL, d'une voix sourde. Oui... consoler... c'est cela. (La regardant fixement.) Prenez garde, Édith, que tous ces mauvais sentiments ne vous fassent un jour oublier votre devoir!

SARAH. Mon ami, tu affliges notre enfant par de ton brusque et dur!...

ÉDITH. Oh! je sais que mon père est bon!... (S'approchant de lui.) Je sais qu'il aime bien sa petite Édith, et qu'il ne voudra jamais lui causer de chagrin!

O'NEIL, la regardant encore. Je serai bien pour Édith tant qu'Édith sera digne de moi.

ÉDITH, à part. Comme il me regarde!... (Haut.) Mon père, voilà Patrick qui arrive de Dublin.

SCÈNE V

LES MÊMES, PATRICK.

O'NEIL. Ah! c'est heureux! (Se tournant vers Patrick.) Allons, viens donc, viens donc, paresseux! (Patrick entre et salue.) Où en est le procès? à quel témoignage en est-on?

PATRICK. Oh! vous avez le temps, maître! on en est au quarante-troisième, et vous savez que vous avez le numéro cent... ce n'est pas l'embarras... ça va vite!...

ÉDITH, à Patrick, bas. Lui as-tu parlé?

PATRICK, bas. Oui!

O'NEIL. Et quelle tournure prend l'affaire? y a-t-il beaucoup de charges contre ces misérables?

PATRICK. Ma foi non! maître, jusqu'à présent.

O'NEIL. Là, vous verrez qu'ils seront acquittés.

SARAH. S'ils sont innocents, mon ami!

O'NEIL. Innocents!... Oh non! ils ne le sont pas! ce sont bien eux les assassins et les incendiaires! mais c'est dans l'ombre qu'ils ont commis leur crime, et on ne les a pas reconnus, pas même moi, qui étais là et auprès de qui ils ont passé en fuyant... pourtant j'ai cru...

SARAH. Oh! que dis-tu, O'Neil! tu nous as toujours assuré que tu n'avais reconnu aucun d'eux.

O'NEIL, qui s'irrite par degrés. Eh bien! est-ce que je dis le contraire à présent?

PATRICK. Au reste, maître, personne n'en sait plus que vous... tous les témoins sont d'accord pour convenir qu'ils n'ont rien vu!

O'NEIL. C'est la peur qui retient leur langue!

PATRICK. Je me trompe! il y en a un... c'était un protestant... qui semblait avoir quelque circonstance grave à révéler... Mais sur un mot qui lui a été dit bien bas à l'oreille par un autre, il s'est tu tout à coup et il n'a plus voulu ouvrir la bouche?

O'NEIL, furieux. C'est cela! c'est cela! on l'aura menacé, et le lâche aura imposé silence à sa conscience. (Avec violence.) Il mériterait qu'on le pendît à leur place, lui! (À Patrick.) Patrick, tu vas reconduire ma femme et Édith à la ferme! moi, je vais au tribunal!

SARAH. Pourquoi ne veux-tu pas que je t'accompagne, mon ami?

O'NEIL. Parce que tu n'es pas assignée, et que je n'ai pas besoin de toi... Allons, à la ferme!... à la ferme.

Il va pour sortir.

SARAH, le retenant. O'Neil, tu ne partiras pas sans moi!

O'NEIL, frappant du pied. Ah çà! avez-vous juré de me faire devenir fou? Est-ce que je suis un enfant à la lisière et qui ne peut pas encore marcher seul?

SARAH. O'Neil, je t'en prie!

o'NEIL. Allons, viens, puisqu'il n'y a que ce moyen d'avoir la paix. (A Patrick.) Mettez-vous en route avant la nuit.

SARAH, à Édith. Tu prépareras le souper pour notre retour, mon enfant!

ÉDITH. Oui, ma mère!

O'Neil baise sa fille au front et sort avec Sarah.

SCÈNE VI

ÉDITH, PATRICK.

ÉDITH. Mon bon Patrick, tu as rempli fidèlement mon message? tu l'as trouvé à Dublin, et les informations que j'avais prises étaient exactes?

PATRICK. Oui, miss! une affaire importante l'y retenait; mais il a tout quitté pour vous voir!

ÉDITH. Oh! je savais bien qu'il quitterait tout pour moi!

PATRICK. Il attend... là... près du grand chêne...

ÉDITH. Il est ici!... Ah! cours, cours le prévenir que je suis seule!

PATRICK. J'y vais : je resterai auprès du grand chêne jusqu'à ce que votre entretien soit terminé; vous m'y rejoindrez alors, n'est-ce pas, mon enfant, et nous retournerons à la ferme?

ÉDITH. Oui, mais va! va!

SCÈNE VII

ÉDITH, seule.

Ah!... enfin... je vais le voir... après deux mois entiers passés loin de lui, sans qu'un regard ait pu me consoler, sans qu'un mot soit venu calmer mes souffrances, je vais le voir! Oh! comme mon cœur bat!... Daniel! mon Daniel! mais viens donc! viens ranimer mon courage (pleurant) car, hélas, Édith a bien besoin du courage à présent. (Elle prête l'oreille.) Ah! c'est lui!

Daniel a paru aux derniers mots d'Édith. Elle se précipite à sa rencontre.

SCÈNE VIII

ÉDITH, DANIEL.

ÉDITH, se jetant dans ses bras. Daniel!

DANIEL. Édith!

ÉDITH. Oh! laisse-moi te regarder, mon ami! que je m'assure bien que ce n'est point un rêve!... C'est toi, toi, mon Daniel adoré!

DANIEL. Oui! c'est moi, mon Édith, moi qui ne puis croire à tant de bonheur!... oh! je veux aussi m'assurer que ce n'est point un rêve!... souris-moi, ma bien-aimée, ainsi que tu souriais à Daniel au temps de nos premiers serments d'amour! lève sur moi ces beaux yeux pleins de tendresse, ainsi que le jour où j'y lus le secret de ton cœur... Édith! Édith!... ce moment paie bien des tortures, n'est-ce pas!

ÉDITH. Oh! oui, mes chagrins, mes craintes, tout... j'ai tout oublié!

DANIEL. J'ai reçu, ce matin, à Dublin même, ton messager! Que ma main tremblait en ouvrant la lettre qu'il m'a remise! la l'ai portée avec transport à mes lèvres; je l'ai baisée mille fois; je l'ai mouillée de mes larmes; et, quoique retenu par un devoir sacré, je suis parti ivre de joie, respirant à peine... (Avec abandon) et maintenant, qu'exige de moi ma bien-aimée? a-t-elle quelques ordres à donner à son fidèle Daniel? qu'elle parle, elle sera obéie!

ÉDITH. Te voilà tel que j'espérais te retrouver, mon Daniel, toujours tendre, toujours dévoué.

DANIEL. Est-ce qu'Édith avait douté de moi?

ÉDITH. Oh! non, je prends le ciel à témoin que jamais un soupçon injurieux, jamais un sentiment de défiance ne sont venus troubler mon cœur. Je me suis dit : Daniel ne voudrait pas tromper une pauvre fille qui s'est abandonnée à lui... Oh! non, il ne le voudrait pas, car il est honnête homme et chrétien.

DANIEL. Et tu as dit vrai, ma jolie Marguerite d'Irlande! après Dieu et la sainte foi de mes pères, Édith, en ce monde (montrant le ciel) et là haut!

ÉDITH. Merci, Daniel, merci!... mais tiens, asseyons-nous sur ce banc de gazon, ou plutôt non... toi, là... à mes pieds comme nos rendez-vous mystérieux du soir (Daniel se place à ses pieds) et écoute-moi bien, car, ce que j'ai à te dire... oh! c'est la vie ou la mort pour moi!

DANIEL. Quelle agitation!

ÉDITH. Mon Dieu! mon Dieu! je ne pourrai jamais me décider à cet aveu... (avec sentiment) et pourtant, j'éprouve... là...

mêlée à mes chagrins et à mes remords, une joie ineffable et pure qui en efface l'amertume! C'est une émotion nouvelle, inconnue, qui fait tomber de douces larmes de mes yeux! (Pressant convulsivement les mains de Daniel qu'elle tient dans les siennes.) Daniel! mon Daniel! te souviens-tu des paroles que tu prononças quand ta malheureuse Édith devint coupable? Daniel! mon Daniel, t'en souviens-tu?

DANIEL. Oui! tu pleurais et tu étais tremblante dans mes bras!... tu joignais tes deux mains sur la poitrine, comme pour demander au ciel pardon du crime que j'avais commis; et je te dis en te serrant contre mon cœur : Ne pleure pas et ne tremble pas ainsi, mon Édith; tu seras la femme de Daniel, tu seras la compagne qui s'assiéra à son foyer, qui vivra et qui vieillira avec lui... je l'ai dit... et je m'en souviens.

ÉDITH. Eh bien! Daniel, le moment est venu d'accomplir ta promesse.

DANIEL. Oh! ton père serait-il instruit?...

ÉDITH. Mon père ignore tout encore, mais il faut qu'il sache tout aujourd'hui.

DANIEL. Comment?

ÉDITH. Il faut que mon Daniel vienne à la ferme de mon père, et qu'il lui demande la main d'Édith.

DANIEL. Y songes-tu, enfant?... mais il me repousserait sans pitié... mais il me ferait jeter à la porte par son valet... Demander ta main à ton père, moi! oh! l'on ne t'a donc jamais raconté l'histoire de sang des protestants et des catholiques!

ÉDITH. Jamais!... et j'en bénis Dieu, car je ne veux haïr personne, moi!...

DANIEL. Et tu m'aurais haï, comme me haïssent tous ceux qui portent ton nom! (Avec amertume.) Oh oui! car c'est une fatale nécessité de ta race et de la mienne, car c'est une soif de vengeance qui prend chacune de nos générations au berceau pour ne la quitter qu'à la tombe!... Oui, tu m'aurais haï, sans me connaître, sans m'avoir vu, sans savoir si je suis méchant ou bon... seulement parce que je suis un catholique, et que tu es une O'Neil! (Se pressant la tête de ses deux mains.) Malédiction sur notre destinée! (Avec larmes.) Oh! je n'étais pas né pour haïr non plus, moi!

ÉDITH. Daniel! Daniel! ta raison s'égare.

DANIEL, avec une violence toujours croissante. Il a fallu, pour que ce sentiment fatal entrât dans mon cœur, que la persécution, l'indigence, l'opprobre vinssent frapper sur ce cœur aimant comme avec un marteau de fer! Il a fallu que je visse la cause sainte de mes pères, la foi sans tache de mes ancêtres, foulées aux pieds, outragées chaque jour, traînées dans la fange par de misérables apostats!... notre Irlande payant toutes les dîmes à nos tyrans, dîmes d'or, dîmes de bonheur, dîmes d'échafaud!... Eh bien, soit, puisqu'ils l'ont voulu ainsi! à chacun des enfants de cette terre un camp pour combattre, des armes pour s'égorger, et la justice du ciel pour absoudre ou pour punir.

ÉDITH, s'éloignant de lui. Oh! quel langage! Daniel, Daniel, tu m'épouvantes!

DANIEL. La guerre, oui, la guerre jusqu'à l'extermination des opprimés ou des oppresseurs.

ÉDITH. Mais, mon père, ma mère, tu veux donc leur mort aussi!... (Tombant à genoux.) O mon Dieu, mon Dieu! ayez pitié d'eux et de leur pauvre fille!...

DANIEL, la relevant et la serrant dans ses bras. Édith! Édith... ô pardonne-moi! je suis insensé, je suis cruel, je ne crois point à mes paroles, mon Édith... Non, non! ton père, ta mère, ne courent aucun danger!... tu les protèges-toi... il y aura toujours entre eux et Daniel l'image de leur fille chérie... je chercherais à te faire comprendre seulement, ma bien-aimée, qu'il n'est pas temps encore de leur découvrir le secret de notre amour : ce temps viendra peut-être... mais attends, attends.

ÉDITH. C'est impossible!

DANIEL. Oh! non, nous fléchirons enfin leur colère.

ÉDITH. C'est impossible, te dis-je!... ce secret que tu me défends de découvrir, Daniel, je ne peux plus le cacher.

DANIEL. Qu'entends-je?

ÉDITH, se cachant la tête sur sa poitrine. Daniel, bientôt je serai mère!

DANIEL. Mère! (Moment de silence. Il la baise lentement et à plusieurs reprises sur le front avec une émotion inexprimable, mais recueillie.) Mère!... oh! ce mot si doux, tu l'as dit, n'est-ce pas? ne cache pas ainsi ton front sur mon sein... regarde, regarde mes larmes qui coulent. (Avec délire) Mère... mais c'est une nouvelle vie pour Daniel!

ÉDITH, timidement. C'est un lien de plus entre Édith et lui.

DANIEL. C'est le bonheur!... oh! ma joie me rendra fou!... je sens toute mon âme qui s'en va, comme si Dieu la rappelait dans son sein... jamais, jamais, je n'ai éprouvé ce que j'éprouve; je ne connaissais pas cette émotion-là, moi.

ÉDITH. Mon Daniel!

DANIEL. Oh! tu pourras l'avouer enfin, cet amour que jusqu'ici nous avons caché à tous les yeux : ils te donneront à ton fiancé, mon Édith! ils ne voudront pas que notre enfant n'ait pas de nom, vois-tu je me traînerai à deux genoux, s'il le faut, jusqu'auprès de ton père! je prierai, je supplierai, et il me dira : Sois mon fils; ou il me tuera!

ÉDITH. Je le prierai aussi; je prierai ma mère, ma mère, qui est si bonne.

DANIEL, vivement. Oh non, non!... c'est moi seul qui dois parler; tu ne dois pas, rougir devant ta mère; dans la douleur soudaine qui la saisirait, elle te maudirait peut-être, et je veux que ton front ne se courbe que sous un pardon!

ÉDITH. Eh bien, viens...

DANIEL. Allons... (S'arrêtant subitement) Et mon frère! (Il prononce ces derniers mots à voix basse.) Édith, j'oubliais qu'un intérêt bien cher, que j'ai sacrifié un moment au désir de te revoir, me rappelait ce soir à Dublin!... je ne t'accompagnerai donc pas à la ferme!

ÉDITH. Oh! que dis-tu?

DANIEL, tendrement. Mon Édith, tout à l'heure, quand je te demandais si tu doutais de moi, tu m'as répondu : « Oh! » non! Daniel ne voudrait pas tromper une pauvre enfant, » car il est honnête homme et chrétien. »

ÉDITH, avec élan. Oh! c'est vrai, j'ai tort! Va à Dublin, puisque ton devoir t'y rappelle!

DANIEL. Je n'y serai pas retenu longtemps, et demain, au point du jour, j'irai trouver ton père; mais j'exige que pendant notre entretien, Édith, tu sois sortie de la maison!... tu te rendras, en profitant de l'obscurité, à minuit, à peu près, c'est l'heure où je serai de retour, dans le petit bouquet de bois qui est sur la route; j'y serai; ensuite j'irai à la ferme; tu m'attendras... bien cachée, bien silencieuse; car si mes efforts échouent contre le courroux d'O'Neil, il ne nous restera plus qu'un moyen!

ÉDITH, tremblante. Lequel?

DANIEL. La fuite.

ÉDITH. La fuite!

DANIEL. Oh! rassure-toi : quelque chose me dit là (Il met la main sur son cœur) que ton père ne sera pas inflexible... Mais écoute... (On entend des voix éloignées.) Ah! ce sont les protestants qui, avant de quitter la chapelle, s'arrêtent sur le seuil pour dire un dernier adieu à ceux qu'ils pleurent.

CHŒUR RELIGIEUX, dans le fond.

Toi qui soutiens dans les alarmes,
A nos martyrs porte nos vœux!
Ici-bas nous versons des larmes!
A tes côtés, ils sont aux cieux.

Édith et Daniel se sont mis à genoux pendant le chœur religieux.

Ils approchent!... éloignons-nous, ma bien-aimée...(Il l'embrasse.) A minuit, dans le petit bouquet de bois.

ÉDITH. A minuit.

Ils sortent, Édith du côté où est allé précédemment Patrick, Daniel par la montagne. Daniel n'a pas encore franchi la montagne, que des paysans, hommes et femmes, arrivent silencieusement sur la scène, Le Shériff et Harrisson les suivent.

SCÈNE IX

PAYSANS, PROTESTANTS, FEMMES, LE SHÉRIFF, HARRISSON.

LE SHÉRIFF. C'est bien, mes amis, c'est bien, nous avons payé notre tribut de douleur aux infortunés que nous regrettons! Dieu aura entendu vos prières; n'oubliez pas aussi, pour vous consoler tout à fait, qu'en ce moment on juge les scélérats qui les ont assassinés, et que demain probablement, on les pendra. Allez en paix, retournez à votre village; vous êtes de bons et dignes protestants.

Les paysans se remettent en marche de la même manière avec recueillement.

SCÈNE X

HARRISSON, LE SHÉRIFF.

La nuit est venue doucement pendant la scène précédente.

LE SHÉRIFF. Eh bien, est-ce que nous ne nous mettons pas aussi en route pour Dublin? nos chevaux sont là qui nous attendent.

HARRISSON. Si cela ne vous contrarie pas trop, mon cher monsieur Marmaduke, nous resterons encore quelques moments ici : cette position est charmante!

Il regarde le fond.

LE SHÉRIFF. C'est vrai, mais la nuit approche, et il y a de l'orage dans l'air.

HARRISSON. Est-ce que vous avez peur de l'orage ou de la nuit?

LE SHÉRIFF. Je n'ai peur de rien. Ah çà! savez-vous que vous me faites faire toutes vos volontés? je ne peux pas m'expliquer vraiment l'empire que vous avez pris sur moi : il y a trois jours à peine, vous arrivez à Dublin, le soir, sous ce costume simple et sévère, qui n'est pas fort élégant au moins; vous me demandez d'être mon hôte; je trouve la demande un peu impertinente, et j'avais envie de vous pousser à la porte par les deux épaules, quand vous me glissâtes à l'oreille ces mots : « Destitué demain, ou bientôt shériff de Londres. » Je réfléchis alors, je réfléchis beaucoup, mais je n'étais pas encore décidé; vous vîtes mon embarras, vous eûtes même la bonté d'en sourire, et vous me présentâtes deux papiers revêtus l'un et l'autre du sceau du chancelier d'Angleterre; sur le premier il y avait écrit : « Nous, lord » Douderdale, chancelier d'Angleterre, révoquons de ses » fonctions Annibal Marmaduke, shériff de Dublin. » Sur le second : « Nous, etc., nommons Annibal Marmaduke, » shériff de Dublin, à l'emploi de shériff de Londres. » C'est clair; cependant une réflexion m'est venue, ces deux pièces sont-elles authentiques?

HARRISSON. Très-authentiques.

LE SHÉRIFF. Qui le prouve?

HARRISSON. Si vous en doutez, mon cher shériff, rompons le marché, et adieu.

LE SHÉRIFF. Non, non, restez : j'en courrai les chances, et je suis prêt à obéir à vos moindres ordres.

HARRISSON. Vous m'avez assuré que ces hommes sauvages et cruels qui se font appeler les Pieds-Noirs d'Irlande, se réunissent quelquefois en ce lieu.

LE SHÉRIFF. Oui!

HARRISSON. Cette association redoutable existe donc toujours? Je croyais que l'Irlande plus éclairée, l'Irlande, qui a obtenu enfin le bill d'émancipation, avait repoussé de son sein ces dangereux auxiliaires.

LE SHÉRIFF. Ah! par exemple! ils sont dix fois plus nombreux qu'au temps où Georges Cathlin les commandait.

HARRISSON, froidement. Georges Cathlin, qu'est cela?

LE SHÉRIFF. Un ouvrier de Dublin, leur fondateur.

HARRISSON. Vous l'avez connu?

LE SHÉRIFF. Non; c'est mon père qui l'a connu, mon père Johnston Marmaduke, qui a été prisonnier des Pieds-Noirs, et à qui il a sauvé la vie.

HARRISSON. Ah!

LE SHÉRIFF. Et tenez, puisque vous vous obstinez à ne pas retourner à l'instant à Dublin, si vous le désirez, je vais vous conter son histoire... oh! elle vous intéressera, j'en suis certain : c'était il y a vingt-cinq ans, à l'époque de la seconde insurrection d'Irlande... (Après une pause.) Je continue, permettez-moi d'aller jeter un peu les yeux aux environs; où ont passé les Pieds-Noirs, voyez-vous, il y a sans cesse des oreilles qui vous écoutent.

Il va au fond et regarde avec précaution.

HARRISSON. Son récit m'instruira peut-être de ce que je brûle d'apprendre depuis si longtemps.

LE SHÉRIFF, revenant. C'était donc il y a vingt-cinq ans. Le peuple était bien malheureux, c'est vrai! il n'y avait pas de pain sur la table de chêne du pauvre paysan, pas de draps ni de couvertures à son lit, car le collecteur des dîmes avait tout enlevé; enfin, je dois en convenir, on avait quelque raison de se plaindre; cependant on se taisait, c'est l'habitude quand on n'est pas le plus fort : un jour pourtant, on se lassa. Oh! si vous aviez entendu feu mon père Johnston Marmaduke parler de ce qui se passa alors à Dublin, et dans toute l'Irlande! Ce fut une scène terrible, épouvantable!

HARRISSON, avec émotion. Oui, le meurtre et le carnage, les cris des victimes égorgées, le sang ruisselant dans les rues...

LE SHÉRIFF. A un signal convenu, et qui avait été donné de la ville, une foule de bandits de la campagne, déguenillés, se précipitèrent contre les portes, les brisèrent; les dragons de Cornill furent massacrés les premiers : on mit le feu aux principaux édifices, et c'est de cette nuit fatale, dit mon père, que date l'association des Pieds-Noirs.

HARRISSON. Nuit terrible!

LE SHÉRIFF. Le chef de ces bandits de la campagne, qui étaient venus nous réveiller d'une manière si impolie, c'était Georges Cathlin l'ouvrier, qui les rassembla sur la grande place et prononça, toujours à ce que dit mon père, ces effroyables paroles : « Compagnons... »

HARRISSON, vivement. Oui, il leur prêcha la colère et la vengeance, le fanatique, au lieu de leur prêcher une morale de conciliation et de paix! « Vous êtes opprimés, leur cria-t-il,

e en silence... sans bruit... divisons-nous par bandes peu
nbreuses, afin de ne pas éveiller les soupçons, car, vous le
vez, depuis quelque temps surtout, Dublin met sur nos
aces des espions adroits et habiles... arrivés à une portée
carabine de la ferme d'O'Neil, halte! je vous dirai alors ce
e j'aurai résolu...; (Levant sa carabine) et songez-y bien, je
sse la tête au premier qui osera faire un pas sans mes
res!

(Ils sortent par différents sentiers, les uns prenant la montagne,
les autres suivant la grande route.)

SCÈNE XIV

NRRISSON, sortant d'une des premières coulisses derrière le banc de
gazon.

Je n'entends plus rien! seraient-ils partis?... (Il regarde par-
t) oui... Oh! il se passe quelque chose de mystérieux parmi
s gens-là! (Après une pause.) Tâchons de rejoindre le schériff,
n'a pas voulu rester à me tenir compagnie; la peur l'avait
aiment rendu fou! (On entend des coups de tonnerre qui se suc-
tent.) L'orage redouble. (Il va au fond.) Que vois-je? n'est-ce
s une illusion?... non, non, je ne m'abuse pas, c'est la
oix de feu! (Après une nouvelle pause.) La croix de feu! c'est
ujours un signal de ruine et de désolation. (Il regarde de nou-
au au fond.) Mais quel est le malheureux qu'elle menace?...
importe, dirigeons-nous de ce côté, et puissé-je arriver à
mps pour sauver des victimes! oui, oh! oui, s'il le faut,
e me ferai connaître!

ACTE DEUXIÈME

a ferme d'O'Neil. Une salle au premier : au fond, un perron d'où l'on descend dans la cour; ameublement rustique; à droite, une vaste cheminée
dont le manteau s'élève jusqu'au plafond et dont une des parties latérales
disposées en buffet, est cachée par un large rideau de serge; l'appartement
a deux issues, l'une au fond; l'autre à gauche; du même côté, une fenêtre,
donnant sur un jardin; en face de la fenêtre est la porte d'un corridor qui
conduit à la chambre de mistriss O'Neil et de sa fille; on monte à l'étage
supérieur par un escalier tournant; à côté de la cheminée est attaché un
Christ en bois; au-dessous est un anneau en fer fortement scellé dans le
mur

SCÈNE PREMIÈRE

ÉDITH, PATRICK.

u lever du rideau, l'orage qui a commencé à l'acte précédent est sur
le point de finir; le bruit du tonnerre se fait entendre de loin en loin,
et quelques éclairs se reflètent aux vitres de la fenêtre près de laquelle se
tient Edith toute tremblante; Patrick, aidé de deux garçons de ferme, est
occupé à mettre le couvert; dans la cheminée pétille un fagot de genêts.

ÉDITH. L'horrible temps!

PATRICK. Ce ne sera rien... voilà l'orage qui se dissipe.

ÉDITH. Mon père et ma mère doivent être en route pour
revenir.

PATRICK. Ils ne peuvent tarder à arriver. (Aux garçons de
ferme.) Allons, allons, vous autres, qu'on se dépêche; tâchez
de ne rien oublier surtout... M. O'Neil n'est pas de bonne
humeur aujourd'hui, je vous en préviens.

ÉDITH. En effet, je ne l'avais jamais vu si brusque, si prompt
à s'emporter; d'ordinaire, un mot de ma mère, un sourire de
moi, suffit pour le calmer, et aujourd'hui il nous a parlé
avec une dureté... j'en avais presque les larmes aux yeux...
et puis son regard en se fixant sur moi avait quelque chose
d'étrange, et sa voix m'a presque fait peur, lorsqu'il a dit :
Je serai bon pour Edith tant qu'Edith sera digne de moi.
Aurait-il découvert mon secret?

PATRICK. Dieu nous en préserve?

ÉDITH. Et pourtant cet amour mystérieux, toi, qui as élevé
ma mère, toi, notre vieil ami, notre vieux serviteur, toi, que
chacun respecte, tu le connais... s'il était condamnable aurait-il trouvé en toi aide et protection?

PATRICK. Le moyen de résister à vos larmes, à vos prières?..
ensuite, c'est que je me suis dit dans mon gros bon sens
qu'il était temps d'en finir avec les querelles de catholiques
et de protestants, et qu'au bout du compte, il n'y aurait
peut-être rien de mieux, pour donner l'exemple, qu'un ma-
riage entre vous et M. Daniel... ah! dame, votre père n'entend pas de cette oreille-là, et le premier coup sera rude,
c'est vrai!

ÉDITH. Écoute, mon bon Patrik, car en toi j'ai mis toute ma
confiance...

PATRICK. Et vous avez raison.

ÉDITH. Fais que cette nuit je puisse sortir secrètement de
la ferme.

PATRICK. Sortir de la ferme !... secrètement !... cette nuit!
y pensez-vous?

ÉDITH. Daniel n'est-il pas mon époux devant Dieu?... il le
faut.

PATRICK. Impossible d'ouvrir la grande porte sans qu'on
entende.

ÉDITH, désignant la petite porte de gauche. Celle-ci donne sur le
jardin, et une fois dans le jardin...

PATRICK. Oui, mais la clef de cette porte, c'est votre père
qui l'a, et jamais elle ne le quitte.

ÉDITH. Que faire?... oh! n'importe, Daniel m'a fait pro-
mettre de me trouver au rendez-vous, et j'y serai.

PATRICK. Votre père et votre mère qui entrent dans la
cour!

ÉDITH. Ils montent l'escalier, les voici!

SCÈNE II

LES MÊMES, O'NEIL, SARAH.

O'NEIL, à Patrick et aux garçons de ferme qui vont au-devant de lui.
Bonsoir, bonsoir, mes amis.

Patrick sort avec les garçons de ferme.

SCÈNE III

O'NEIL, SARAH, ÉDITH.

O'NEIL, se débarrassant de son chapeau et de son manteau. Chien
de temps! une pluie battante... c'était à vous percer jusqu'aux os.

ÉDITH, à Sarah. Ma pauvre mère! toute mouillée! (Lui détachant sa mante et lui approchant un fauteuil) vite, vite, place-toi
là, près du feu, bien chaudement.

O'NEIL. C'est sa faute aussi, pourquoi n'être pas revenue
tranquillement à la ferme? pourquoi s'obstiner à me suivre
jusqu'à Dublin?

SARAH. Oh! oui mon ami, j'ai eu tort de te suivre, puisque
toi, si bon pour moi d'ordinaire, je t'ai mis dans le cas de
me traiter comme tu l'as fait.

O'NEIL. Est-ce que l'on sait ce qu'on fait quand on est en
colère? Je suis violent, emporté c'est vrai... mais je
t'aime, que diable... et pour mille guinées, je ne voudrais
pas avoir à me reprocher une de tes larmes.

SARAH. Et cependant tu m'as laissé m'éloigner en pleurant, lorsque, arrivée à la porte du tribunal, tu m'as ordonné si impérieusement d'aller t'attendre à l'hôtellerie
voisine.

O'NEIL. Et pourquoi te l'ai-je ordonné? parce qu'en tra-
versant la place je les ai vus, tous ces catholiques, me toiser
avec mépris, parce que le sang me bouillait dans les veines;
parce qu'un homme qui a une femme sous le bras souffrirait
bien des choses qu'il ne souffrirait pas sans ça.

SARAH. O'Neil, cette femme que tu as éloignée parce que
tu doutais peut-être de son énergie; cette femme jugée par
toi si faible, t'a-t-elle jamais été au moment du péril? rap-
pelle-toi la terrible nuit où le fleuve qui nous avoisine,
grossi par des torrents de pluie, déborda, s'élança furieux,
renversant, brisant, entraînant tout ce qui s'opposait à son
passage. Tu étais absent alors : seule avec ma fille au berceau, abandonnée, pressée, menacée par les flots qui avaient
envahi notre demeure et qui montaient de minute en minute, je montai avec eux d'étage en étage, je parvins jusqu'au toit, mais l'eau m'y atteignit, et, quand je la sentis
me battre la ceinture, loin de faiblir, je rassemblai le peu
de force qui me restait; j'étendis les bras et j'élevai mon
enfant au-dessus de ma tête et je passai ainsi la nuit entière... O'Neil, manquais-je de courage alors? Et ce jour qu'à
la suite d'une querelle, un soldat de la garnison de Dublin
te frappa outrageusement au visage, pour laver cet affront,
il fallait le tuer ou être tué par lui; je le compris, et, plaçant ton honneur au-dessus de ta vie, qui était la mienne :
Va, te dis-je, et reviens digne de toi, digne de moi... O'Neil,
manquais-je encore de courage ce jour-là?

O'NEIL. Laissons cela et mettons-nous à table.

SARAH. O'Neil, le calme que tu affectes est loin de ton
cœur.

O'NEIL. Et pourquoi ne serais-je pas calme?

SARAH. Je l'ignore; mais en sortant du tribunal, tu étais
pâle, abattu; puis tout à coup une violente agitation s'est
emparée de toi, en route, m'as-tu dit; et quoique l'orage
menaçât, nous sommes partis, et tout le long du chemin,
tu n'as fait que rire et chanter convulsivement au bruit de
la foudre.

o'neil. Qu'est-ce que ça prouve? que j'aime à rire et à chanter.

sarah. Mais enfin?

o'neil. Mais,... mais... assez... garde pour toi tes observations. (A Édith.) A boire.

» édith, prenant un flacon d'ale et s'apprêtant à le servir. Voilà, mon père.

[. o'neil. De l'ale! non, non, le froid me gagne, et j'ai besoin de quelque chose qui me réchauffe... du vin... une bonne vieille bouteille (Remettant à Édith un trousseau de clefs) là, dans le bas du buffet. (A part.) Maudit jugement, va! j'y penserai donc toujours! je sens là comme un poids qui m'oppresse, c'est presque un remords. (A Sarah.) Femme, ranime donc un peu ce feu qui s'éteint... attends, attends... un fagot de genêts. (Il se lève de table et court prendre un fagot de genêts, qu'il jette dans la cheminée.) A la bonne heure, voilà qui flambe! voilà qui fait plaisir à l'œil.

édith, près du buffet décrochant adroitement une clef du trousseau. C'est elle!

o'neil, qui a repris sa place, frappant la table de son verre. Eh bien! ce vin, ça viendra-t-il? voyons.

Édith referme le buffet, retire la serge qui le couvre et met une bouteille de vin devant O'Neil.

o'neil, faisant sauter le bouchon et se versant un plein verre qu'il avale d'un trait. Excellent, ma foi! (A Sarah, resté auprès de la cheminée.) Tu ne soupes pas?

sarah. Non, la fatigue...

o'neil. A ton aise. (A Édith.) Et toi?

édith. Mon père... c'est que,..

o'neil. Allons, allons, est-ce qu'on peut manquer d'appétit à ton âge? Ce n'est pas l'embarras, depuis quelque temps, tu es triste, soucieuse, et je crois même avoir vu ou deux fois surpris une vraie larme dans tes yeux. Est-ce que tu ne serais pas heureuse avec nous?

édith. Moi, mon père!

sarah, attirant Édith dans ses bras. Comment en serait-il ainsi? tu es si bon pour elle! et moi je l'aime tant!

o'neil. Sans doute, mais il y a quelquefois dans la tête d'une jeune fille des idées... (Mouvement d'Édith.) Au reste j'y ai déjà songé : avant trois mois elle sera la femme du fermier Dikson, notre voisin; (Édith laisse tomber la fourchette qu'elle tient.) Eh bien! eh bien! qu'as-tu donc?

édith. Rien,.. Oh! rien, en vérité!

o'neil. Dikson est riche, c'est un brave garçon, un fidèle protestant surtout... (Les yeux fixés sur Édith, qui cherche à cacher son trouble) et c'est à quoi je tiens, car jamais je ne consentirai à introduire dans ma famille quelqu'un de ces catholiques que je hais comme ils doivent me haïr.

édith. J'obéirai, mon père. (A part et jetant à la dérobée un regard sur la clef qu'elle a soustraite.) Oh! ma résolution est prise maintenant.

SCÈNE IV

Les Mêmes, PATRICK, entrant précipitamment.

patrick, Maître,

o'neil. Qu'y a-t-il?

patrick. Un homme que son cheval emportait vient d'être jeté dans le jardin, par-dessus la haie qui borde la grande route; il est tout froissé, tout moulu, et dit se nommer...

SCÈNE V

Les Mêmes, LE SCHÉRIFF, soutenu par deux garçons de ferme.

le schériff. Annibal Marmaduke.

o'neil. Monsieur le schériff.

tous. Le schériff!

le schériff. Oui, mes amis, lui-même, balloté, cahoté, et enfin lancé dans l'espace comme un ballon... tant que j'étais en l'air ce n'était encore rien; mais plus tard... Oh! quelle chute! quelle chute!

o'neil. Seriez-vous blessé?

le schériff. Écrasé, mon ami, écrasé!... j'ai la moitié du corps sans connaissance.

sarah. En effet... cette pâleur!

le schériff. Ce n'est pourtant pas à la tête que je souffre le plus.

sarah. Vite, vite, un fauteuil à M. le schériff!

le schériff, s'asseyant. Aïe! les reins!

édith, lui présentant du vinaigre. Respirez un peu, et cela vous fera du bien.

le schériff. Maudit cheval! c'est qu'il allait... il allait... j'en avais des éblouissements... je n'y voyais que du feu.

o'neil. Et comment se fait-il qu'à pareille heure, par des chemins de traverse...?

le schériff. Chut!... ce que vous me demandez là, voyez-vous, tient à une histoire terrible; je vous conterai cela. Mais avant tout, n'auriez-vous pas ici quelqu'un qui se chargerait de porter immédiatement une lettre de ma part au commandant de la force armée à Dublin?

o'neil. Si, parbleu! (désignant un des garçons de ferme) John s'en chargera; c'est taillé pour la course : bonnes jambes, deux lieues à l'heure.

le schériff. Merci, mistriss, merci. (Tout le monde s'éloigne du schériff, qui écrit.) « Mon cher commandant, aussitôt que » vous aurez reçu la présente, ne perdez pas une minute ; » mettez-vous à la tête d'un escadron et venez me joindre à » la ferme d'O'Neil, où je vous attends; la circonstance est » grave et pressante. » (Cachetant la lettre.) Ah! mes drôles! vous m'exposiez à me casser le cou! Eh bien! nous verrons comment vous vous tirerez de la chasse que je vous prépare.

Il remet la lettre au messager, qui sort en courant. O'Neil fait signe aux autres de s'éloigner.

SCÈNE VI

O'NEIL, SARAH, ÉDITH, groupés autour du schériff.

le schériff, avec mystère. Vous savez bien, mes amis, que j'étais à la cérémonie funèbre qui a eu lieu ce soir à la petite chapelle.

o'neil. Sans doute.

le schériff. A peine j'en sortais que je suis tombé dans une embuscade que m'avaient tendue les Pieds-Noirs.

sarah et édith. O mon Dieu!

le schériff. Vous frémissez! c'est aussi ce que j'ai fait en me voyant au milieu de mes ennemis, de mes ennemis mortels : car ce n'est pas un homme tel que moi qu'ils laisseraient échapper. Mon courage et ma persévérance à les poursuivre sont connus; aussi ma mort était-elle résolue.

o'neil. En vérité!

le schériff. C'en était fait de moi, si je n'avais appelé à mon aide toute mon énergie, toute ma fermeté.

o'neil. Et qu'avez-vous fait.

le schériff. Je me suis élancé sur mon cheval et je suis parti au grand galop.

o'neil. Fuir devant ces misérables! mais il fallait plutôt vous faire tuer.

le schériff. Merci!

o'neil. C'était votre devoir de magistrat.

le schériff. Le devoir d'un magistrat c'est de se conserver pour ses administrés : et je me conserve.

o'neil. En trouvant demain votre cadavre mutilé, peut-être eût-on senti enfin la nécessité d'exterminer cette race maudite qui désole le pays.

le schériff. Plus bas, mon ami, plus bas!

o'neil. Qu'est-ce que vous craignez?

le schériff. Rien assurément; mais c'est égal, soyons prudents; il est des yeux qui voient, et des oreilles qui entendent à travers les murs.

o'neil. Que m'importe!

le schériff. Ah! il est temps que le nouveau lord-lieutenant d'Irlande arrive; on dit qu'aujourd'hui ou demain, au plus tard, il sera à Dublin; alors, mon vieil O'Neil, nous respirerons un peu, il faut l'espérer; jusque-là, je vous le répète, soyons prudents.

sarah. M. le schériff a raison, mon ami; pourquoi t'exposer à la vengeance d'hommes qui jamais ne pardonnent? Te souviens-tu de notre voisin, assassiné il y a quinze jours, pour avoir connu et dénoncé la retraite de l'un deux?

o'neil. Eh bien, qu'ils viennent m'assassiner, moi, je les attends; mais il n'y a point de puissance au monde qui m'empêchera de dire partout et hautement ce que je pense.

édith. Mon père!

o'neil. Ah! oui, vous vous étonnez toujours de m'entendre parler de la sorte des catholiques, moi qui ne suis pas méchant; c'est que ma haine est de bonne source, voyez-vous; c'est qu'il y a près de quatre-vingts ans, un pauvre vieillard avait été déposé en terre sainte; les catholiques apprennent qu'il n'est pas de leur communion, ils courent au cimetière, arrachent le cercueil du lieu où il avait été placé, et traitant le cadavre avec des cris et des malédictions, le vont jeter dans la fange d'un fossé sur bord de la route! c'est que ce vieillard était mon aïeul, et mon père, qui a vu cela, m'a appris à ne jamais l'oublier; me comprenez-vous maintenant?

LE SCHÉRIFF, effrayé de son énergie. Parfaitement...

O'NEIL, posant la main sur l'anneau de fer scellé dans la muraille. Vous voyez cet anneau de fer qui est là, scellé dans le mur? qu'on essaie de l'arracher, et l'anneau ne viendra pas; on ne le brise le mur; ainsi dans mon cœur est scellée ma haine : on ne l'en arrachera qu'avec ma vie.

LE SCHÉRIFF, à part. Diable d'homme, il me fait frissonner! (Une nuit sonne.) Ah! ah! minuit!

ÉDITH, à part, avec émotion. Déjà!

SARAH. Monsieur le schériff doit avoir besoin de repos?

O'NEIL, remontant la scène et se penchant à la porte du fond. Eh? Patrick! (Entre Patrick) conduis M. le schériff dans la chambre en haut, et veille à ce qu'il ne lui manque rien.

LE SCHÉRIFF. Merci, merci, mon cher hôte; bonne nuit, mistriss. (A Édith.) Bonne nuit, mon enfant.

O'NEIL. N'allez pas surtout rêver Pieds-Noirs.

LE SCHÉRIFF, sur l'escalier. Oh! je suis tranquille chez vous. (A part.) Je ne serais pourtant pas fâché de voir arriver mes dragons.

Il monte, conduit par Patrick.

SCÈNE VII

O'NEIL, SARAH, ÉDITH.

Édith pendant ce temps allume deux flambeaux et a ouvert la porte du corridor qui conduit à sa chambre et à celle de sa mère.

SARAH, prête à sortir, s'arrête et s'approche d'O'Neil, qui a tiré de sa poche sa pipe qu'il s'occupe à bourrer. Tu ne viens pas?

O'NEIL. Non, je n'ai pas envie de dormir... je reste ici à fumer ma pipe.

ÉDITH, à part. Ici! et cette porte, ma seule espérance...

SCÈNE VIII

LES MÊMES, PATRICK, reparaissant sur le haut de l'escalier.

PATRICK. Oui, oui, monsieur le schériff, soyez sûr qu'on ne l'oubliera pas.

O'NEIL. Oublier, quoi donc?

PATRICK. De l'éveiller dès que les dragons seront arrivés à la ferme.

O'NEIL. Ah! ah!

SARAH. Adieu, mon ami.

O'NEIL. Adieu. (Lui prenant la main.) Tu ne m'en veux plus?

SARAH. T'en vouloir?

O'NEIL. Dame; de tantôt, tu sais bien...

SARAH. Est-ce que j'y pense encore?

O'NEIL. Tiens, que je t'embrasse pour ce mot-là. (A Édith.) Et toi aussi, madame Dickson.

ÉDITH, à part. Oh! jamais!

PATRICK, qui pendant ce temps a descendu l'escalier et s'est rapproché d'Édith, se penchant à son oreille. Eh bien?

ÉDITH. Voici la clef.

Sarah et Édith rentrent après avoir embrassé O'Neil.

SCÈNE IX

O'NEIL, PATRICK.

O'NEIL. Qui est de ronde cette nuit à la ferme?

PATRICK. C'est moi, maître.

O'NEIL. Ah! tant mieux, tu es un homme de précaution, toi; mais c'est égal, veille à ce que tout soit bien fermé; je me suis aperçu hier qu'on n'avait point lâché le chien de garde; que ça ne recommence pas... Du bruit! que se passe-t-il donc?

SCÈNE X

LES MÊMES, PREMIER GARÇON DE FERME, entrant.

LE GARÇON. Maître, je ne sais pas comment ça se fait, mais ce pauvre César...

O'NEIL. Que lui est-il arrivé à César?

LE GARÇON. Il vient de tomber raide mort à l'entrée de la grange.

O'NEIL. Empoisonné, sans doute, empoisonné... Qui a fait le coup? qui? (Le garçon ne répond pas.) Il était de trop bonne garde, n'est-ce pas? et l'on s'en est défait... Et parmi vous (vous êtes six) il ne s'en est pas trouvé un seul pour l'empêcher. Ah! voilà bien ce que c'est que de se faire servir

par des catholiques, propres à rien, pas même à être valets. Va-t'en, je te chasse.

DEUXIÈME GARÇON DE FERME, entrant. Maître.

O'NEIL. Qu'est-ce que tu veux, toi?

LE DEUXIÈME GARÇON. M'en aller avec lui.

O'NEIL, au troisième garçon. Sais-tu, James, ce que me dit ce gnigaud de Mathias? qu'il s'en va avec Bertram, parce que je chasse Bertram.

LE TROISIÈME GARÇON. Moi, aussi, maître, je viens vous annoncer que je m'en vais.

O'NEIL, étonné. Toi aussi!

LE TROISIÈME GARÇON, désignant trois autres de ses camarades qui entrent. Moi et eux.

O'NEIL. Quoi, tous ensemble! le même jour, à la même heure!... mais c'est donc un complot fait entre vous? Et pourquoi vous en aller?

PATRICK. Trouverez-vous jamais un meilleur maître? hier encore, ne vous a-t-il pas donné à tous une gratification?... pas plus tard qu'hier, ne me disiez-vous pas que vous l'aimiez comme un père?... et aujourd'hui...

UN DES GARÇONS, bas à Patrick. Regarde, là-bas, sur la grange.

PATRICK. La croix de feu!

TOUS, l'entourant. Silence!

O'NEIL. Eh bien, vous persistez? (Tous s'inclinent en silence.) En ce cas partez, que je ne vous retienne pas; je resterai seul ici, seul avec mon vieux Patrick.

PATRICK, à lui-même, avec angoisse. Le quitter! l'abandonner! ah! c'est horrible; et pourtant il le faut! la croix de feu!... (Il embrasse en pleurant les mains d'O'Neil.) Adieu, maître.

O'NEIL. Qu'as-tu? où vas-tu?

PATRICK, détachant brusquement sa main de celle d'O'Neil, et se précipitant hors de l'appartement. Adieu, et pour toujours!

SCÈNE XI

O'NEIL, seul. Patrick! il ne m'entend plus; le voilà qui s'éloigne et descend l'escalier de toute la vitesse de ses jambes, les autres le suivent; c'est cependant étrange, et si j'étais sujet à m'alarmer... allons donc, j'ai du cœur, Dieu merci, je ne me coucherai pas de la nuit, voilà tout, et je ferai fidèlement ma ronde... Où est mon fusil? ah! là-haut.

Il monte et disparaît par l'escalier tournant qui mène à l'étage supérieur; au même instant la porte du corridor s'ouvre; Édith paraît, se glissant sur la pointe du pied.

ÉDITH. Je n'entends plus rien... (Jetant les yeux dans l'appartement) personne! ma mère vient de s'endormir, mon père est sans doute dans la cour, il ne peut m'apercevoir en me glissant derrière les charmilles du jardin : et puis, Dieu me protégera, oh! oui, Dieu qui a permis que la pauvre Édith devînt coupable, Dieu ne lui ôtera pas les moyens de réparer sa faute. Daniel! mon Daniel! oh! comme il faut que je l'aime!

Elle ouvre doucement la petite porte à droite, et s'échappe en la refermant sur elle.

SCÈNE XII

O'NEIL, redescendant l'escalier, un fusil à la main. Deux bonnes balles! (Après l'avoir amorcé.) Voilà qui est bien!... Maintenant, mon manteau... ah! j'oubliais... rallumons ma pipe et buvons un coup avant de sortir. Je ne sais pas, moi, ce que j'éprouve aujourd'hui;.. mais c'est quelque chose que je n'avais pas encore senti... mon cœur se serre comme s'il était pressé dans un étau... et puis... et, puis malgré moi, je pense sans cesse à ces maudites assises de ce matin... Ils allaient être acquittés tous... et moi, moi qui n'ai jamais dans ma vie trahi une seule fois la vérité, je n'ai pas craint devant le tribunal, à la face du Christ... ah! bah! à eux la faute... ils l'ont voulu. (Vidant son verre et se secouant.) Allons voir un peu ce qu'il en est de toute cette canaille que je viens de chasser. (Il va pour sortir; on frappe à la porte du fond; il s'arrête et écoute; on frappe de nouveau.) Qui est là?

UNE VOIX, en dehors. Moi, Daniel!

O'NEIL. Daniel!

DANIEL. Ouvrez.

O'NEIL. Oui, par Dieu, j'ouvrirai! je n'ai jamais refusé la porte à l'ami ou à l'ennemi qui vient à moi. (S'armant de son fusil.) Seulement, voici comme je reçois l'ennemi.

SCÈNE XIII

O'NEIL, DANIEL, tenant une carabine à la main.

DANIEL. Ainsi que vous, je suis armé, monsieur O'Neil!

mais croyez-moi, faites ce que je fais... abaissez la crosse de votre fusil et causons tranquillement, car ce n'est pas en ennemi que je me présente chez vous.

O'NEIL. Toi!

DANIEL. Moi! et c'est ce que j'espère bientôt vous prouver! (O'Neil a imité le mouvement de Daniel; Il a abaissé son arme: tous les deux se regardent face à face, appuyés sur le canon de leurs fusils. Après une pause.) Je vous le répète, je ne suis entré dans cette maison qu'avec des pensées de paix et de concorde... le ciel et mes frères d'Irlande me le pardonnent!... mais cela est... un mot de votre bouche, monsieur O'Neil, et Daniel vous tendra la main!

O'NEIL, souriant. Enfant, qui crois qu'une colère se calme quand elle a coulé de veine en veine depuis quatre-vingts années? N'as-tu pas été adopté par ce farouche Flanagan, dont le père guida la horde sacrilège qui envahit le cimetière de Birn, hurlant et blasphémant sur le cadavre de mon aïeul?

DANIEL. Le passé s'efface et l'injure s'oublie.

O'NEIL. Le passé reste, et l'injure ne se lave qu'avec le sang!... Mais voyons! qui t'amène ici?... que veux-tu?

DANIEL. Deux choses : vous révéler un secret d'où dépend mon bonheur, le vôtre, celui de votre famille!

O'NEIL, ironiquement. Ah!

DANIEL. Puis vous sauver!

O'NEIL, toujours de même. Me sauver!... je cours donc quel que danger, Daniel?

DANIEL. Peut-être.

O'NEIL, de même. Ton secret d'abord!

DANIEL, après une pause. J'aime votre fille!

O'NEIL, de même. Je le savais.

DANIEL, étonné. Vous?

O'NEIL. Et tu l'aimes bien, n'est-ce pas?

DANIEL. Oh! de toutes les forces de mon âme!... Édith est mon trésor! c'est ma vie de chaque jour, de chaque heure, de chaque instant!... voilà, voilà ce que vous avez sans doute deviné; mais ce que vous ignorez encore, et que je n'ose vous avouer...

O'NEIL. C'est qu'elle t'aime?... je le savais aussi.

DANIEL. Et jamais un seul reproche pour elle ne s'est échappé de vos lèvres! et jamais vous ne lui avez dit : Daniel m'est odieux, je te défends d'aimer Daniel!

O'NEIL. Non, j'ai gardé le silence; j'ai laissé croître mystérieusement cet amour qu'augmentait la contrainte... Il fallait qu'il jetât dans ton âme de si profondes racines, qu'on ne pût le l'arracher ensuite sans te déchirer le cœur!

DANIEL. Oh! mais elles sont horribles, les paroles que vous venez de prononcer!... Me déchirer le cœur, dites-vous?... et celui de votre fille, n'y avez-vous donc pas pensé?

O'NEIL. Ma fille épouse avant trois mois le fermier Dickson.

DANIEL. Édith, la femme d'un autre?

O'NEIL, d'une voix forte. Espérais-tu qu'elle deviendrait la tienne?... insensé!... dois-je te rappeler qu'il y a maintenant entre elle et toi une barrière insurmontable? Écoute, Daniel, écoute, la nuit s'avance... au point du jour, un cachot s'ouvrira à Dublin; un premier son de cloche se fera entendre, et un prêtre entrera dans le cachot! au deuxième son de cloche le prêtre sortira accompagnant un homme, ainsi le porte l'arrêt : cet homme sera conduit sur la place publique, et là, au troisième son de cloche, sa tête tombera.

DANIEL. Ah! que me rappelez-vous?

O'NEIL. Daniel, cet homme est ton frère, et son accusateur, c'est moi.

DANIEL. Mon pauvre frère!... mais si vous l'avez accusé, c'est que vous l'avez cru coupable... Oh! dites-moi que votre témoignage n'a été dicté ni par la passion ni par la colère... Vous vous taisez!

O'NEIL. Parce que j'ai dit ce que j'avais à dire, je l'ai dit aux juges!

DANIEL. Et pourtant mon frère est innocent! et pourtant, s'il y a eu dans votre âme un seul instant de doute, vous devez frémir à l'idée d'entendre cette cloche qui bientôt vous annoncera la chute de sa tête!

O'NEIL. Oh! non... viens, à résonner cette cloche, et tu verras la joie briller sur mon visage!

DANIEL. O'Neil! O'Neil! O'Neil! je m'égare!

O'NEIL, ironiquement. Crois-tu donc la réduire au silence? crois-tu ta voix plus forte que ne l'a été celle de ma conscience?

DANIEL. Ta conscience?

O'NEIL. Ah! ce fut un terrible combat que celui-là!

DANIEL. Oh! j'ai peur de te comprendre!

O'NEIL, s'animant par degrés. Ce fut une lutte acharnée et qui dura longtemps, mon Dieu! le démon du mal se glissa comme un serpent dans mon sein et le mordit de sa dent de fer!... Les catholiques eux-mêmes, tes amis, tes compagnons, semblaient être d'accord avec lui pour me pousser vers l'abîme qu'il avait creusé sous mes pas; en passant au milieu de la place publique, à Dublin, pour me rendre au tribunal, je suis insulté par des forcenés en haillons! ma femme aussi est insultée : les imprécations, les cris nous poursuivent... mais ce n'était rien au dehors!... j'entre au tribunal, je me présente devant les juges... je vais déposer selon ma conscience : mille regards menaçants se fixent sur moi! c'est à qui semble me dire : Prends garde, à toi! les accusés sont là!... un mot de toi peut les perdre... il faut qu'ils soient innocents!... il le faut, entends-tu? (Élevant la voix.) Et moi alors, qui ne sais pas ce que c'est que de me laisser intimider, moi qui ne tremblerais pas devant la gueule d'un canon, j'ai senti la rage me prendre au cœur... ma tête tournait, j'étais comme fou!... Ils prétendaient m'empêcher de parler... eh bien!...

DANIEL, vivement. N'achève pas... je devine... tu as menti!

O'NEIL. J'ai menti!

DANIEL. Mais c'était la vie de mon frère que tu livrais au bourreau! mais c'était le salut de ton âme que tu risquais!

O'NEIL. La vie de ton frère!... je te le répète, j'avais perdu la raison en ce moment, et je le voulais, cette vie!... Le salut de mon âme!... cela regarde Dieu là-haut!

DANIEL. Infâme!... (Descendant la scène avec agitation.) Oh! merci, mon Dieu, merci, d'avoir forcé cet homme à m'avouer le crime qu'il a commis! plus de pitié maintenant! (S'arrêtant tout à coup.) Mais Édith... Édith qui n'est pas coupable!... elle, Édith, qui s'est confiée à mon honneur, à qui j'ai juré... oh! non, non, je ne l'abandonnerai point... je ne le peux pas... je ne le veux pas! (Se précipitant vers O'Neil en pleurant.) O'Neil! O'Neil! j'embrasse tes genoux!

O'NEIL. A mes pieds, toi!

DANIEL. Oui, à tes pieds!... le frère aux pieds du meurtrier de son frère!... oh! c'est que tu ne sais pas ce qui m'inspire cet affreux courage!

O'NEIL, avec dédain. L'amour!

DANIEL. Oh! non, non, j'en atteste le ciel! c'est un sentiment plus sacré, plus saint!... Je t'en supplie, je t'en conjure, les mains jointes... Édith! donne-moi Édith! mon nom, mon nom pour elle!... oh! ne me refuse pas, O'Neil!

O'NEIL. Jamais!

DANIEL. Et j'oublierai tous les malheurs qui m'ont poursuivi si jeune, mes souvenirs d'enfance... j'oublierai que des mains de ma mère massacrée par les tiens, j'arrachai ce chapelet qui garde encore l'empreinte de son sang, et que je porte toujours là sur ma poitrine; j'oublierai enfin l'affreuse révélation que tu viens de me faire; et je te sauverai du péril qui te menace, et je trahirai pour te sauver mes frères d'Irlande, qui puniront peut-être ma trahison par la mort!... oui, je les trahirai pour toi,... pour Édith!

O'NEIL. Plutôt que de te voir l'époux de ma fille... je la tuerais!

DANIEL. Misérable! (Il s'élance sur sa carabine qu'il a posée contre la table, au milieu de la scène; il l'appuie sur la poitrine d'O'Neil, et tout à coup il la relève et la jette loin de lui.) Non, une vengeance plus lente et plus terrible!

O'NEIL. Eh bien! tu ne me parles plus de ton amour... tu ne te traînes plus à mes genoux... tu ne me demandes plus la main de ma fille!

DANIEL, d'une voix tonnante. C'est que maintenant, vois-tu, je suis devenu Daniel le catholique, ennemi acharné d'O'Neil le protestant! Marie ta fille, vieillard, jette-la aux bras de celui qui la marchande, et prie le ciel qu'il ne la refuse pas!

O'NEIL. Que dis-tu?

DANIEL. Édith est déshonorée!

O'NEIL. Déshonorée?

DANIEL. Elle va être mère!...

O'NEIL. Oh! ce n'est pas vrai... ce n'est pas vrai!... ce n'est pas vrai!... (Appelant.) Édith!

DANIEL. Ne la cherche pas dans cette maison!... elle est au rendez-vous que lui avais donné pour cette nuit!

O'NEIL, qui a passé de la colère aux larmes. Ma fille! ma fille bien-aimée!...

DANIEL, à part, essuyant une larme. Perdue! perdue pour moi!... oh! j'en mourrai!...

· Il fait quelques pas pour sortir.

O'NEIL, s'élançant vers lui et lui appuyant à son tour le canon de sa carabine sur la poitrine. Tu ne sortiras pas d'ici. (La cloche sonne. Mouvement de joie d'O'Neil; jetant sa carabine.) Une vengeance plus

evez-vous; vous êtes sept millions de braves qui courbez la tête sous cent mille tyrans, levez-vous! vous n'avez pas de vêtements pour défendre vos corps amaigris des injures de l'air, vous n'avez pas d'aliments pour vous nourrir, pas de maisons pour reposer vos têtes, prenez tout cela à vos oppresseurs. » Et ils hurlèrent un chant de triomphe et de joie, les malheureux insensés! et ils dansèrent en rond, ainsi que des cannibales autour des débris fumants et aux lueurs de l'incendie.

LE SCHÉRIFF. Et comme en dansant on vit qu'ils étaient tous pieds nus, attendu probablement qu'ils n'avaient pas le moyen de s'acheter des souliers... ils n'avaient jamais été à la fête des douze apôtres, ces gens-là... on les appela les Pieds-Noirs. Ah çà! mais vous en savez autant que moi, à ce qu'il me semble; vous savez aussi alors que les rebelles ne tardèrent pas à recevoir leur châtiment?... après une lutte opiniâtre, ils furent forcés de se réfugier dans les forêts, et Georges Cathlin ne reparut plus. On assure qu'il alla prendre du service à l'étranger; quant à sa femme et à ses deux petits enfants...

HARRISSON. Eh bien, sa femme, ses enfants?...

LE SCHÉRIFF. Morts!

HARRISSON. Morts! en est-on sûr?

LE SCHÉRIFF. Des soldats ivres, toujours à ce que dit mon père, allèrent au village où demeurait la famille Cathlin, et pour venger leurs camarades, ils brûlèrent sa cabane : la pauvre femme, portant ses enfants dans ses bras, essaya de s'enfuir, mais la baïonnette d'un des soldats l'étendit aussitôt à terre, et les enfants eurent sans doute le même sort.

HARRISSON, d'une voix sourde. C'est probable!

LE SCHÉRIFF. Eh bien! comme vous êtes ému!

HARRISSON. Oui; je songe aux malheurs que la guerre civile entraîne. Cette femme qui était innocente; ces enfants au berceau, massacrés sans pitié!... (Avec un violent effort.) Ah! laissons ces douloureux souvenirs, et occupons-nous de ce qui m'a fait rester au milieu de ces montagnes : quoique vous souteniez, mon cher monsieur Marmaduke, que l'association des Pieds-Noirs existe encore, j'avoue que pour vous croire j'aurais besoin d'en acquérir la certitude par moi-même.

LE SCHÉRIFF. Vous voudriez les voir peut-être?

HARRISSON. Pourquoi pas?

LE SCHÉRIFF. Dieu nous en garde!

HARRISSON. On m'a dit qu'autrefois, lorsqu'ils se réunissaient, ils employaient des signes de ralliement particuliers pour annoncer leur présence.

LE SCHÉRIFF. C'est encore de même à présent. D'abord, comme c'est toujours sur de hautes montagnes qu'ils se rassemblent, un des leurs vient se placer silencieusement sur le pic le plus élevé... (En ce moment un homme paraît au haut de la montagne. Harrisson le regarde.) Qu'est-ce que vous regardez donc là?

HARRISSON. Rien, rien. Continuez.

LE SCHÉRIFF. Cet homme, après s'être assuré que les habits rouges (ils nomment ainsi, de temps immémorial, les régiments du roi) ne sont pas en force dans les environs; cet homme, dis-je, saisit une petite corne semblable à celle avec laquelle les bergers appellent leurs troupeaux, et en tire un son lent... lent... (L'homme placé sur la montagne saisit la corne attachée à sa ceinture, et un son presque imperceptible s'en échappe. Le schériff l'entend un saut de peur.) Ah!

HARRISSON, souriant. Eh bien! qu'avez-vous?

LE SCHÉRIFF. Vous n'avez pas entendu?

HARRISSON. Ah! oui, la petite corne; mais vous l'avez dit vous-même, les bergers aussi s'en servent pour appeler leurs troupeaux, et ce sera quelqu'un d'eux, sans doute.

LE SCHÉRIFF. C'est possible.

HARRISSON. Reprenez votre récit.

LE SCHÉRIFF. M'y voilà. Aussitôt que ce son lent... lent... a retenti, les Pieds-Noirs qui sont restés dans la plaine se dirigent à pas furtifs vers l'endroit d'où est parti le signal! ils marchent sur le sol avec tant de précaution que le lendemain l'œil le plus exercé ne pourrait trouver une trace; ils passeraient à côté de vous sans que votre oreille pût surprendre le moindre bruit. (Pendant ces paroles, on fait ce que décrit le schériff.) Tenez, imaginez-vous, par exemple, que ce lieu a été choisi pour rendez-vous par les Pieds-Noirs : nous sommes là, vous et moi, parlant d'eux, ne nous doutant de rien, pendant que chaque roc qui est derrière nous cache un ennemi qui nous observe, un vilain masque sur la figure et une croix de feu sur l'épaule ou sur la poitrine. (A ce moment le sommet de la montagne s'est couronné de Pieds-Noirs qui se rangent en cercle en silence; au bas de la montagne, à droite et à gauche, d'autres entrent.) Nous nous retournons, et nous voyons... (Il se retourne et pousse un cri.) Miséricorde! nous sommes perdus!

HARRISSON. Ce sont eux!

SCÈNE XI

SCÈNE XI

LES MÊMES, FLANAGAN, LES PIEDS-NOIRS.

Les uns sur la montagne, les autres sur la scène; tous ont un demi-masque sur la figure.

FLANAGAN, s'approchant d'Harrisson et du schériff, qui se cache. Qui êtes-vous, et que faites-vous ici?

HARRISSON. Je suis un voyageur, arrivé d'Angleterre, qui vient d'assister à la cérémonie funèbre célébrée pour les catholiques; celui qui m'accompagne est Annibal Marmaduke, schériff de Dublin.

FLANAGAN. Le schériff de Dublin!

LE SCHÉRIFF. Je suis mort.

HARRISSON. Ce que je fais ici? je puis te le dire, je vous cherchais.

FLANAGAN. Tu sais donc qui nous sommes?

HARRISSON. Oui.

LE SCHÉRIFF, à part. Mon Dieu! mon Dieu! il va nous compromettre!

FLANAGAN. Et que nous veux-tu?

HARRISSON. Tu parais commander à ces hommes?

FLANAGAN. Non; c'est une tête plus jeune et plus forte, un bras plus ferme qui les dirige!

HARRISSON. N'importe! Es-tu de ce pays?

FLANAGAN. J'ai soixante ans, et je suis de ce pays.

HARRISSON. Tu ne l'as jamais quitté?

FLANAGAN. Jamais.

HARRISSON. Eh bien! il faut que je te parle!

FLANAGAN. Je ne sais pas refuser un service; mais en ce moment c'est impossible!

HARRISSON. Pourquoi?

FLANAGAN. Parce qu'un devoir sacré me retient en ces lieux, et que tu vas partir avec le schériff.

HARRISSON. Et si je préfère rester?

FLANAGAN. Écoute : ton air ouvert et franc m'a prévenu en ta faveur; mais crains de mettre ma confiance à une trop longue épreuve!

HARRISSON. Je ne crains rien! (Posant la main sur son cœur.) Je prends le ciel à témoin qu'aucune mauvaise pensée n'habite-là!

FLANAGAN. Je te crois. Demain, à la même heure, au bas de cette montagne, nous nous reverrons, et maintenant quittenous!

UN PIED-NOIR, en vedette sur la montagne. Silence, frères!

FLANAGAN, et tous les autres. Silence!

LE PIED-NOIR. Quelqu'un sur la route!

FLANAGAN. Laissez passer! (O'Neil paraît au bas de la montagne avec sa femme. Ils la traversent en se donnant le bras.) C'est O'Neil et sa femme, les deux plus fanatiques protestants du comté : ils reviennent de Dublin. (A Harrisson.) Tu le vois, nous ne sommes pas impitoyables, comme on le dit parmi nous. Leur vie étant entre nos mains, nous l'avons épargnée. (Regardant le schériff.) Nous épargnerons aussi M. le schériff, qui n'est pas notre ami non plus!

LE SCHÉRIFF. On m'a calomnié.

FLANAGAN. C'est bon? c'est bon! Quoi qu'il en soit, éloignez-vous. (A Harrisson.) Suivez-le, monsieur. (Le schériff va pour sortir du côté où est venu O'Neil, Flanagan l'arrête.) Pas par là! c'est la route qui conduit à Dublin, et il ne faut pas que vous alliez à Dublin, car il y a là des habits rouges : (Lui montrant le côté opposé) par ici!

LE SCHÉRIFF. C'est que de ce côté je crains de m'égarer; je ne connais pas mon chemin.

FLANAGAN. Vous le chercherez!

LE SCHÉRIFF. Je le chercherai.

FLANAGAN. Vous, à demain!

HARRISSON, à part. Je lui parlerai aujourd'hui même!

Il sort du côté indiqué par Flanagan avec le Schériff.

SCÈNE XII

LES MÊMES, DUGALD, hors HARRISSON et le SCHÉRIFF.

FLANAGAN, avec impatience. Daniel ne vient pas, et les débats sont terminés, puisque O'Neil, qui devait déposer le dernier, est de retour.

DUGALD. Il ne peut tarder maintenant!

FLANAGAN. Je crains toujours que son caractère violent ne le porte à quelque extrémité cruelle; je l'aime tant, lui et son frère John!

DUGALD. Oh! c'est vrai cela! ils seraient vos enfants que vous ne les aimeriez pas mieux!

FLANAGAN. Puis-je oublier, Dugald, dans quel moment Dieu

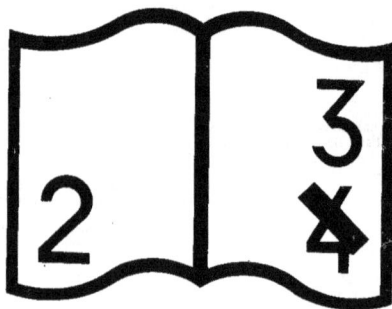

Pagination incorrecte — date incorrecte
NF Z 43-120-12

me les a donnés! Ce fut trois jours après la nuit terrible où les habits rouges prirent leur revanche de leur défaite de Dublin, que je rencontrai un soir, errants et abandonnés, ces deux jeunes orphelins qui pleuraient. L'un avait quatre ans, l'autre trois; je les saisis dans mes bras, et j'arrivai haletant à ma chaumière, avec ce précieux fardeau.

DUGALD. Et vous n'avez jamais su à qui ils appartenaient.

FLANAGAN. Jamais! c'est loin du lieu du massacre que je les ai rencontrés. Je suis allé au village où ils habitaient : plus une âme vivante, plus une maison debout, rien que le silence de la tombe. Le seul renseignement que j'aie, c'est une croix d'or toute tachée de sang que l'aîné tenait à la main quand je l'ai aperçu, et qu'il baisait avec transport, le pauvre petit innocent. Je n'ai pas poussé plus loin mes recherches, et je les ai ramenés avec moi.

DUGALD. Et votre vieille Meggy s'est chargée de les élever?

FLANAGAN. Oui, ma bonne vieille Meggy, qu'ils appellent leur seconde mère, et qui, au moment où nous parlons d'elle, est condamnée ou acquittée avec eux.

DUGALD. Oh! acquittée.

FLANAGAN. Je l'espère.

LE PIED-NOIR, sur la montagne. Silence, frères!

FLANAGAN, à tous les autres. Silence!

LE PIED-NOIR. Un homme qui paraît hors d'haleine se dirige en courant de ce côté.

FLANAGAN. Regardé bien, c'est Daniel peut-être.

LE PIED-NOIR. Oui; un rayon de la lune vient d'éclairer son visage! je l'ai reconnu, le voici!

La foule se précipite vers Daniel.

DANIEL, entrant en criant. Condamnés, frères, condamnés!

TOUS. Oh!

FLANAGAN. Que dis-tu?

SCÈNE XIII

LES MÊMES, DANIEL.

DANIEL. O les infâmes! les infâmes!

Tous les Pieds-Noirs l'entourent.

FLANAGAN. Calme-toi.

DANIEL. Ah! laissez-moi respirer un moment, au nom du ciel laissez-moi rappeler ma raison éteinte, car il me semble que je sors d'un rêve affreux... O mes amis, c'est une horrible iniquité... écoutez, écoutez tous. Sept heures sonnaient à la chapelle voisine quand j'ai quitté ces lieux pour me rendre à Dublin. Fatal retard! j'arrive au tribunal; les débats étaient clos, les jurés délibéraient. L'aspect de toutes les figures une teinte de tristesse lugubre qui me fait tressaillir d'effroi... J'interroge; on me répond par un témoignage nouveau, inattendu, accablant, a subitement changé la position de nos frères... et jugez si je dus trembler : celui qui avait porté ce témoignage, c'était O'Neil! Pourtant j'espérais encore... oh! mon erreur n'a pas duré, les jurés sont rentrés au tribunal. Le nom de mon pauvre John a frappé le premier mon oreille, et à cette question : John est-il coupable? une voix sourde et lente a ajouté ce terrible mot : Oui! Alors mes genoux ont fléchi sous moi, mon sang s'est retiré vers mon cœur, et je suis tombé inanimé aux pieds des bourreaux qui venaient de condamner un innocent.

Il pleure.

FLANAGAN. Il leur fallait une victime, c'est le plus jeune et le plus brave qu'ils ont choisi! Soyez-lui indulgent, ô mon Dieu, quand son âme remontera vers vous, car il a été immolé en sacrifice à ceux qui vivent, car, par sa mort, il les a sauvés.

DANIEL. Quand je suis revenu à moi, les jurés s'étaient retirés, la foule m'entourait et me prodiguait des secours. Un homme brave qu'ils ont approché : « Tu sais tout ce que tu dois savoir, » toi, me dit-il, mais tes frères de la montagne avaient aussi » des amis et des parents parmi les accusés... cours les re- » joindre et remets-leur cette liste; elle contient le sort de » tous ceux qui les intéressent. »

FLANAGAN. Donne! donne!

Vive anxiété.

DANIEL, cherchant. Attendez... où l'ai-je donc mise? l'ai-je perdue? (Mouvement plus fort d'anxiété.) Non. (Il la tire de son sein.) La voici!

FLANAGAN. Une torche! une torche!

Un des Pieds-Noirs bat le briquet et allume une torche qu'il va prendre au pied de la montagne.

DANIEL, dans un silence général. « John, pour crime d'incendie, condamné à mort! »

FLANAGAN, avec angoisse. Après? après?

DANIEL. « Meggy Flanagan... »

FLANAGAN. Ma femme!

DANIEL. « Pour crime d'incendie, condamnée à mort. »

TOUS LES PIEDS-NOIRS. Ah!

DANIEL, s'animant par degrés. Et le reste? (D'une voix forte.) Y a-t-il quelqu'un parmi vous qui connaisse le nom de Donal Digby? (Voyant les gestes d'effroi d'un vieillard.) Tu frémis, vieillard... eh bien! ton fils ira languir vingt ans dans les prisons du comté. (Se tournant vers les autres.) Y a-t-il quelqu'un qui connaisse le nom de Lucy Danégal? (Un autre vieillard s'approche.) Eh bien! ta fille aussi, vieillard, elle ira, vingt ans, dans les prisons du comté, dessécher sa jeunesse et peut-être son âme. (Elevant la voix.) « Tony Mavola, déporté! (Jetant la liste à terre, avec rage.) Et voilà l'arrêt de vos juges à Dublin!

TOUS LES PIEDS-NOIRS. Vengeance! vengeance!

DANIEL, s'élançant au milieu d'eux. Oui, vengeance! et nous la prendrons terrible, et nous serons sans pitié comme eux!

DUGALD. Il nous faut le sang d'O'Neil pour le sang de ton frère.

TOUS. Le sang d'O'Neil!

FLANAGAN. Oh! pas le sien seulement! se sont-ils contentés d'une victime, eux? que dis-je? leur rage même a-t-elle été satisfaite parce qu'ils ont dressé deux échafauds? n'y a-t-il que toi et moi qui pleurions ici, Daniel? regarde! Il nous faut mieux que cela, à nous, il nous faut tout. ce qui porte le nom détesté d'O'Neil, il nous faut sa femme et sa fille.

TOUS. Oui, oui!

DANIEL. Sa fille!

FLANAGAN. Et malheur au traître qui demanderait grâce pour un d'entre eux!

TOUS LES PIEDS-NOIRS. Oui, oui, malheur à lui!

FLANAGAN. Qu'il soit frappé du fer sur-le-champ sans qu'une parole du ministre de Dieu le console à sa dernière heure, et que son corps ne repose jamais dans un lieu saint!

TOUS. A mort! à mort!

DANIEL. Arrêtez! arrêtez! Qui t'a donné le droit, Flanagan, de disposer ainsi de la vie de nos ennemis, sans que Daniel ait prononcé? qui t'a donné le droit de maudire celui qui reculerait devant les meurtres que tu ordonnes? depuis quand Daniel ne commande-t-il plus parmi vous?

FLANAGAN. Eh bien! que Daniel répète avec moi : Malheur au traître qui demanderait grâce pour l'un d'entre eux!

DANIEL, d'une voix forte. Daniel ne veut pas que la femme et la fille d'O'Neil meurent.

TOUS. Oh!

FLANAGAN. Il a donc oublié ses serments?

DANIEL. Ses serments ne le condamnent point à punir l'innocent comme le coupable.

FLANAGAN. L'acte terrible d'association qui unit les Pieds-Noirs d'Irlande porte ceci : « Si un protestant tue un catholique, meure le protestant! si plus d'un catholique a succombé, meure la famille du protestant tout entière! » La loi du talion! c'est écrit et c'est signé.

TOUS. Oui, oui, c'est écrit.

DANIEL. Je n'ai pas lu cet acte et je ne l'ai pas signé.

FLANAGAN. Il n'était plus en notre pouvoir quand tu as été reçu parmi nous. George Cathlin, en fuyant, l'avait emporté avec lui, mais tu as promis sur le salut de ton âme de t'y conformer.

DANIEL, pleurant. C'est vrai, c'est vrai, mon Dieu!

L'orage, qui a commencé faiblement à la fin de l'autre scène, éclate avec violence.

FLANAGAN. Jure donc, à la face de ce ciel dont les nuages noirs couvrent nos têtes, au milieu de la foule qui gronde, à la lueur des éclairs qui brillent, juré d'accomplir cette nuit cette œuvre d'extermination.

DANIEL, après une pause. Je ferai mon devoir... mais cette nuit! oh! non Flanagan, la colère t'aveugle. C'est aux premiers rayons du jour... tu l'oublies... que l'échafaud de mon frère et celui de sa femme se dresseront sur la grande place de Dublin!... C'est aux premiers rayons du jour que nous immolerons les meurtriers. Au reste, je reste maître; moi... que personne n'agisse sans mes ordres!... je veux être obéi aveuglement.

FLANAGAN. Tu le seras.

DUGALD. Un moment, maître; O'Neil est intrépide et déterminé : il a six domestiques qui le défendront.

FLANAGAN. Ne sont-ils pas catholiques?

DUGALD. Tous.

FLANAGAN. Eh bien! qu'on place la croix de feu sur la grange qui est auprès de la maison : pas un de ses domestiques ne restera chez lui. (A deux Pieds-Noirs.) Courez, vous, et chargez-vous de ce soin! Daniel, nous sommes prêts.

Deux Pieds-Noirs se détachent et sortent.

DANIEL. Je le suis aussi; venez, glissons-nous dans l'om-

lente, mais plus terrible, as-tu dit... et moi aussi j'aurai la mienne... Daniel, tu m'as laissé vivre pour pleurer sur l'honneur de ma fille; tu vivras, toi, pour pleurer sur la mort de ton frère; tu as entendu ce premier son de cloche; il t'annonce que le prêtre entre dans le cachot de ton frère John... Daniel, ses bourreaux l'attendent.

FLANAGAN, entrant. Et voici les tiens!

DANIEL, à O'Neil. O'Neil, je puis encore te sauver ou mourir avec toi!

O'NEIL. Non, rien de toi... va-t'en, va-t'en.

Daniel sort; au même instant, la porte s'ouvre vivement, et Flanagan se précipite en scène, suivi de ses compagnons qui s'emparent d'O'Neil.

SCÈNE XIV
LES MÊMES, excepté DANIEL.

FLANAGAN, écartant son masque et s'avançant sur O'Neil immobile et muet. Je suis Flanagan, époux de Meggy Flanagan, condamnée grâce à toi!

UN AUTRE. Je suis le père de Tony Maucler, condamné grâce à toi.

UN AUTRE. Je suis le père de Lucy Dunégal, condamnée grâce à toi.

O'NEIL. Oh! vous ne me ferez ni pâlir ni trembler; je n'ai pas cherché à me défendre, la défense eût été inutile; je n'ai pas poussé un cri; ce cri eût éveillé ma malheureuse femme, qui dort là... je ne vous demande qu'une chose, c'est de m'emmener loin d'ici.

La cloche sonne pour la deuxième fois.

FLANAGAN, à ses compagnons. John doit mourir à la face du ciel, c'est à la face du ciel que tu mourras!... marchons!

SCÈNE XV
LES MÊMES, DUGALD.

FLANAGAN. Qu'y a-t-il?

DUGALD. L'homme qui t'a déjà parlé tantôt à la montagne!... il vient d'être saisi par les nôtres au moment où il tentait de s'introduire dans cette ferme. (On entend au dehors la voix d'Harrisson.) J'entrerai, j'entrerai, vous dis-je!

FLANAGAN, aux Pieds-Noirs. Vos masques.

Tous les Pieds-Noirs remettent leurs masques; au même instant Harrisson paraît, il gravit rapidement les marches du perron, écarte violemment deux des Pieds-Noirs qui tentent de s'opposer à son passage, et entre.

SCÈNE XVI
LES MÊMES, HARRISSON.

FLANAGAN. Cette fois nous diras-tu qui tu es, et ce que tu veux?

HARRISSON. Ce que je veux?... vous épargner un crime!... qui je suis?... un homme assez puissant pour dire à cet homme ici debout et immobile, sous les lames de vos poignards, sous les balles de vos carabines, ce que je lui dis: Tu ne mourras pas.

FLANAGAN, avec un sourire de dédain. Eh bien! O'Neil, remercie donc ton libérateur; n'est-ce pas merveille vraiment que d'un mot; oui, un seul mot; un inconnu, sans autre force que la sienne, sans autre appui que sa parole, vienne te dire: Tu ne mourras pas!

O'NEIL. Regarde mon visage; y as-tu vu briller un éclair de joie, un rayon de folle espérance?... Non, car je le sais, Dieu lui-même descendrait au milieu de nous, que la voix de Dieu ne me sauverait pas! (A Harrisson.) Quique vous soyez, monsieur, n'insistez donc pas; O'Neil vous remercie de votre généreux dévoûment; mais O'Neil ne voudrait pas qu'il vous fût fatal! croyez-moi, retirez-vous, monsieur!

Harrisson ne bouge pas: mouvement général de surprise.

FLANAGAN. Eh bien!

HARRISSON. Je reste.

FLANAGAN. Imprudent, songes-tu que tu parles aux Pieds-Noirs?

HARRISSON. J'allais en effet l'oublier... Quoi! ce sont là ces hommes qui se sont associés, il y a vingt-cinq ans, pour une noble et belle cause? Liberté et respect aux lois! telle était leur devise alors. Alors ils gardaient toute leur colère pour l'insolent étranger qui les opprimait; alors leurs bras s'armaient mais pour la guerre; alors ils étaient un contre vingt, et aujourd'hui ils sont vingt contre un; alors ils combattaient, aujourd'hui ils assassinent! Oh! ne m'interrompez pas, Irlandais, quels seraient la douleur et le désespoir du fondateur de cette association, de celui qui le premier vous cria : Frères, pour être forts, réunissez-vous; quels seraient sa douleur et son désespoir, s'il reparaissait tout à coup au milieu de vous!

FLANAGAN, s'élançant sur lui. Te tairas-tu?

HARRISSON. Frappe donc, si tu l'oses; je suis Georges Cathlin!

TOUS. Georges Cathlin!

HARRISSON. Oui, l'ouvrier de Dublin, le proscrit que l'exil a sauvé de la mort; l'homme dont vos pères vous ont sans doute appris à ne prononcer le nom qu'avec respect. Oui, Georges Cathlin, qui avait résolu de se glisser inconnu parmi vous, afin de voir de quelle manière s'exécutaient les règlements qu'il vous a donnés.

FLANAGAN, allant à Harrisson et se plaçant en face de lui les deux mains sur ses épaules. Tu es Georges Cathlin, toi?

HARRISSON. En douterais-tu?

FLANAGAN. Oh! mensonge! infâme mensonge!... ne le croyez pas, compagnons, ne le croyez pas.

HARRISSON, tirant un parchemin. Lisez.

FLANAGAN. L'acte d'association!

HARRISSON. Qui ne m'a jamais quitté.

(Vive rumeur.)

FLANAGAN. Mais cet acte, la ruse ou la force ne peut-il l'avoir fait tomber entre tes mains? Si Georges Cathlin, dont nous n'avons pas entendu parler depuis sa fuite d'Irlande, ne fût pas mort assassiné par les Anglais dans quelque coin obscur, serait-il resté si longtemps muet et éloigné de nous? non, non, je te le répète, tu n'es pas Georges Cathlin.

HARRISSON. Et que suis-je alors?

FLANAGAN. Un aventurier chargé de surprendre nos secrets un espion sans doute. (Mouvement d'indignation d'Harrisson.) Ah! tu trembles, car tu es découvert!

TOUS, l'entourant. Mort à l'espion!

FLANAGAN. Et à son protégé!

O'NEIL, se tournant vers la chambre de sa femme. Adieu, Sarah! adieu, ma pauvre femme!

FLANAGAN. Dis-lui au revoir plutôt... elle ne tardera pas à l'aller retrouver.

O'NEIL. Elle aussi!

FLANAGAN. Elle et ta fille.

O'NEIL. Abomination!

O'NEIL. Ma fille! oh! grâce au ciel, elle vous échappe!... ma fille n'est point ici... vous ne tuerez point ma fille!... mais elle! ma femme!... égorgée lâchement égorgée par vous!... non!... je la sauverai, (criant.) Sarah! Sarah!

FLANAGAN, fermant la porte, dont il arrache la clef qu'il jette par la fenêtre. Vain espoir!

O'NEIL, criant à toute voix. Sarah! Sarah!

SARAH, lui répondant. O'Neil! O'Neil!

FLANAGAN, désignant Harrisson et O'Neil. Allons, allons, il est temps d'en finir... O'Neil, au troisième son de la cloche de Dublin, la tête de l'infortuné John tombera sous la hache; au troisième son la tienne tombera aussi.

HARRISSON. Et ne pouvoir les sauver!

FLANAGAN. Qu'on les entraîne! qu'on les entraîne!

Les Pieds-Noirs entraînent Harrisson et O'Neil dont la voix se perd peu à peu; Flanagan sort le dernier et referme avec soin la porte du fond; au même instant le schérif, pâle et épouvanté, se précipite en désordre du haut de l'escalier, il parcourt le théâtre en tous sens, cherchant une issue; la porte du corridor est ébranlée avec rage et désespoir par Sarah, dont la voix a cessé de se faire entendre; Sarah s'élance en scène et le schérif, que la peur rend fou, croyant trouver un moyen de s'évader, se jette dans le corridor.

SARAH. Des assassins!... il va mourir!... je l'ai bien entendu!... mon Dieu! mon Dieu! que faire!... attends-moi, O'Neil!... attends-moi... je viens... me voici... (Se heurtant à la porte du fond.) Fermée!

LE SCHÉRIFF, reparaissant. Impossible de sortir... pas d'issue de ce côté-là...

SARAH. Monsieur!... ah! monsieur, vous êtes un homme, vous viendrez avec moi,... vous m'aiderez à arracher mon mari de leurs mains!

LE SCHÉRIFF. Oui... oui... sans doute... (A part.) Où diable me fourrer?

SARAH, le saisissant par le bras et l'entraînant par la porte du fond. Brisons cette porte!

LE SCHÉRIFF. C'est ça, brisons...

SARAH. Silence, n'avez-vous pas entendu? (Désignant la petite porte de gauche.) de ce côté... un léger bruit?

LE SCHÉRIFF. Ce sont mes dragons.

La petite porte s'ouvre vivement, et Édith, pâle et échevelée, paraît.

SARAH. Édith !

ÉDITH, se jetant dans les bras de Sarah. Ah ! ma mère, si vous saviez !

LE SCHÉRIFF, poussant un cri de joie et s'enfuyant à toutes jambes par la petite porte. Providence !

SCÈNE XVII

SARAH, ÉDITH.

SARAH. D'où viens-tu? quelqu'un t'a-t-il vue entrer?

ÉDITH. Personne.

SARAH. Malheureuse! tu ne sais donc pas ce qui se passe en cette maison !

ÉDITH. Vous m'effrayez!

SARAH. On assassine ton père!

ÉDITH. Mon père!

SARAH. Oui, là, dans le jardin.

ÉDITH. Ah ! courons, ma mère, courons, nous le sauverons peut-être! suivez-moi !

Elle va à la porte du fond.

SARAH. Elle est fermée!

ÉDITH, comme frappée d'un souvenir subit, indique à sa mère la petite porte par où elle est entrée, et que le Schériff en fuyant a tirée sur lui; Sarah, avec un cri de joie, s'y précipite la première. Fermée aussi? Cet homme en fuyant... (Après une pause de terreur.) Ah! ah! ma mère, tout espoir n'est pas perdu!

Elle disparaît par le corridor, et rentre bientôt, tenant à la main un drap qu'elle court attacher à la fenêtre.

SARAH. Oui, oui, par cette fenêtre, c'est Dieu qui t'inspire.

ÉDITH. A toi, ma mère, à toi la première.

SARAH, la poussant. Non, non, mon droit à moi est de veiller sur mon enfant! (Edith pressée par sa mère saisit le drap et se dispose à descendre. Sarah avec un cri d'effroi.) Arrête! là, sous la fenêtre, deux yeux qui brillent dans l'ombre... N'entends-tu pas le bruit d'un fusil qu'on arme!

Jeu muet... Sarah entraîne lentement Edith et lui fait quitter la fenêtre.

ÉDITH. Et personne pour nous défendre!

SARAH, se promenant à grands pas. Personne pour nous venger au moins! (S'arrêtant subitement.) Ah! tu te trompes, Sarah! elle est affreuse, la pensée qui m'a si odieusement saisie, oh! oui, elle est affreuse! mais il faut qu'elle s'exécute! O'Neil, tu reprochais à Sarah d'être faible : Sarah ne l'est pas! et tu ne le seras pas non plus, toi, n'est-ce pas, ma fille? Écoute, mon enfant, les assassins ne t'ont pas vue rentrer à la ferme! tu me l'as dit!

ÉDITH. Je te l'ai dit.

SARAH. Et tu en es sûre?

ÉDITH. Sûre!

SARAH. Il faut te cacher.

ÉDITH. Me cacher!

SARAH. Là, derrière ce rideau, d'où tu pourras tout voir, tout entendre : car je saurai bien les forcer à me tuer ici!

ÉDITH, avec horreur. Oh! ma mère! ma mère!

SARAH. Tu reconnaîtras les meurtriers, et tu iras demander justice de ceux qui t'auront faite orpheline!

ÉDITH. Rester là, muette, immobile! assister à l'assassinat de sa mère, sans pousser un cri, sans qu'un sanglot vous échappe!

SARAH. Sans qu'un sanglot t'échappe!

ÉDITH. Oh! non, je ne puis, je ne pourrai jamais.

SARAH. Je l'exige!

ÉDITH. Je mourrai avec toi, ma mère, dans tes bras!

SARAH. Edith, obéis à ta mère qui va mourir, ou Dieu te maudira!

ÉDITH, tombant à ses genoux. Maudite! grâce! grâce!

En ce moment, le troisième son de cloche retentit, et une voix lugubre et lamentable se fait entendre; c'est celle d'O'Neil.

O'NEIL. Sarah ! Sarah !

SARAH, à Edith. Edith ! c'est la voix de ton père!

Fusillade; le cri s'éloigne et s'éteint.

SARAH. Hésites-tu encore, maintenant?

ÉDITH. Oh! non, non, ma mère, ton énergie a passé en moi; je te vengerai, je vengerai mon père.

SARAH. Silence ! les voici qui reviennent! Edith, sur le salut de ton âme.

ÉDITH. Sur le salut de mon âme!

SARAH. Mon Dieu! soutenez-la! (Elle l'embrasse convulsivement et a poussé derrière le rideau.) Si elle allait succomber, si l'émotion... Oh! soutenez-la ! mon Dieu! soutenez-la ! soutenez-la !

SCÈNE XVIII

SARAH, FLANAGAN, PIEDS-NOIRS.

Ils sont aussi nombreux qu'au premier acte et ont tous leurs masques.

FLANAGAN, d'une voix sourde. Femme, ton mari est là-bas qui t'attend.

SARAH, saisissant l'anneau de fer scellé dans la muraille. Ici ! ici ! vous m'assassinerez ici, misérables! Oh! essayez de me faire quitter cet anneau de fer que je presse de mes mains convulsives. Prenez vos haches, et quand le tranchant aura abattu mes mains, je l'entourerai de mes bras, cet anneau ! Voyons, voyons, que le plus intrépide de vous approche.

FLANAGAN. Je saurai bien te forcer à me suivre, moi ! (Il s'avance vers elle lorsqu'on crie faible, comme celui de quelqu'un qui s'évanouit, se fait entendre. Mouvement général.) Qu'est-ce cela ?

SARAH, reconnaissant la voix de sa fille. Malheureuse! nous ne serons point vengés!

On entend au dehors le son d'une trompette.

UN PIED-NOIR, entrant effrayé. Les dragons ! les dragons !

FLANAGAN. Mort et enfer! Cet espion maudit, qui devait périr avec O'Neil, et que Daniel nous a forcés de relâcher, aura sans doute été répandre l'alarme. Nous sommes signalés.

LE PIED-NOIR. Les paysans protestants des villages voisins marchent avec eux.

TOUS. Fuyons!

FLANAGAN, jetant les yeux sur Sarah et s'adressant à l'un de ses compagnons. Prête-moi ta carabine?

TOUS, l'entraînant. Viens, viens!

Flanagan, entraîné par ses amis, disparaît aux yeux des spectateurs; Sarah abandonne l'anneau de fer, et se relève vivement; mais au même instant un coup de feu part d'une carabine dont le canon se montre à la porte du fond s'étend raide sur le plancher.

CRIS, au dehors. Arrêtez! arrêtez!

FLANAGAN, reparaissant. Tu arrives trop tard, Daniel!

SCÈNE XIX

SARAH, sans mouvement, FLANAGAN, debout auprès d'elle, DANIEL, accourant et reculant à la vue de Sarah.

DANIEL. Ah! malheureux ! qu'as-tu fait?

SARAH. Justice! mais la trompette se rapproche, viens.

DANIEL. Laisse-moi!

FLANAGAN. Et nos frères, dispersés, poursuivis peut-être, (Plusieurs décharges de mousqueterie se font entendre) ils meurent, et toi, leur chef, tu n'es pas là pour les défendre!

DANIEL. Ah! courons! ce combat! puissé-je y trouver la mort!

SCÈNE XX

ÉDITH, SARAH.

ÉDITH, réveillée de son évanouissement par le coup de feu, s'est dressée peu à peu derrière le rideau; elle l'entr'ouvre au moment où Daniel s'éloigne avec Flanagan ; frappée de la vue de Daniel, elle sort rapidement de sa retraite. Daniel! Daniel! ici ! et ce coup de feu ! Oh! horreur! Hélas! mes forces m'ont trahie; je n'ai rien vu, rien entendu, Ma pauvre mère, étendue là, sans connaissance, que s'est-il donc passé? du sang! (Se jetant sur le corps de Sarah, avec un terrible cri.) Assassinée! ma mère assassinée! (Un long silence entrecoupé de sanglots... se relevant tout à coup.) Tu seras vengée, ma mère! oh! oui, vengée, toi et mon père! Mais lui! Daniel! n'importe! (Saisissant la croix attachée à la muraille.) Sur cette croix, je le jure, ma mère, je le jure! (Elle embrasse le corps de sa mère et se dispose à sortir, Grand bruit au dehors.) Les assassins peut-être! (Allant à la fenêtre.) Plus personnel (Se suspendant au drap placé à la fenêtre.) Ah! fuyons, il n'est pas temps de mourir!

Elle se laisse glisser et disparaît.

SCÈNE XXI

SARAH, HARRISSON, LE SCHÉRIFF, Dragons.

LE SCHÉRIFF, tremblant. Entrez, entrez, mes braves!

HARRISSON, courant à Sarah. Cette femme!

LE SCHÉRIFF. Morte!

HARRISSON. Non, elle respire encore.

LE SCHÉRIFF. Où la transporter?

HARRISSON. Chez moi, au palais du lord-lieutenant d'Irlande.

Mouvement de stupéfaction du schériff... La toile tombe.

ACTE TROISIÈME

SCÈNE PREMIÈRE

LE SCHÉRIFF, UN GREFFIER.

LE GREFFIER. C'est donc aujourd'hui la dernière séance de messieurs les jurés : aujourd'hui l'acquittement de Flanagan ou sa condamnation.

LE SCHÉRIFF. Oh! sa condamnation, greffier.

LE GREFFIER. Eh, eh! on ne sait pas : il n'y a pas de témoins. Je me trompe : il y en a un, mais il a disparu.

LE SCHÉRIFF. Ah oui, la petite Edith qui était cachée?

LE GREFFIER. Ah çà! et le lord-lieutenant, est-ce qu'il n'est pas encore de retour de son excursion dans les montagnes?

LE SCHÉRIFF. Non, pas encore... et il y a cependant longtemps qu'il a quitté Dublin.

LE GREFFIER. C'est singulier qu'il se soit absenté pendant le procès de ce damné Pied-Noir!

LE SCHÉRIFF. Mon honorable subordonné, il y a quelque chose qui n'est pas clair dans la vie de cet homme... or, n'entamons pas ce chapitre, il m'a promis de me nommer schériff de Londres : qu'il me tienne parole ! le reste ne me regarde pas.

LE GREFFIER. C'est juste ! d'ailleurs, c'est un bon et brave Anglais ! de quels soins il a entouré mistriss Sarah! il me semble la voir, cette pauvre femme, quand on l'a amenée ici, presque morte, respirant à peine! Elle est revenue de loin, celle-là ! deux balles au milieu de la poitrine.

LE SCHÉRIFF. Brr, ne me parlez plus de cela, greffier, ne me parlez plus de cela : vous me donnez des défaillances dans les jambes. Silence (désignant une porte à gauche) j'entends du bruit de ce côté! c'est probablement mistriss Sarah qui vient ici! ne troublons pas sa douleur, greffier !

Ils se mettent à l'écart.

SCÈNE II

LES MÊMES, SARAH, en deuil.

SARAH, sans voir le schériff et le greffier. Ma fille! ma fille! où es-tu?

LE SCHÉRIFF, au greffier. Toujours le nom de sa fille à la bouche! ça fend le cœur!

SARAH, toujours rêveuse. Tu avais promis pourtant, sur la croix, de venir témoigner contre les meurtriers de ton père, et on les juge, et tu n'es pas là!

Elle se cache la tête dans ses mains et pleure.

LE SCHÉRIFF, au greffier. Il faut lui dire que Flanagan sera pendu; ça la consolera un peu. (Il s'approche.) Pardon, mistriss, si je...

SARAH. Ah! c'est vous, monsieur le schériff !

LE SCHÉRIFF. Oui, c'est moi qui suis bien affligé de vous voir ainsi pleurer sans cesse.

SARAH. Ah, je dois pleurer, monsieur le schériff, car j'ai perdu un noble et digne époux, car son trépas ne sera pas vengé.

LE SCHÉRIFF. Ah! si fait, par exemple, si fait; le scélérat de Flanagan y passera, je vous en réponds.

SARAH, avec une ironie amère. Non, non, ils l'épargneront, monsieur le schériff : ils l'épargneront, parce que personne ne l'a vu, parce que moi-même, moi qui ne sais pas mentir, mon Dieu, je n'ai pas pu dire à mes juges : « Cet homme » qui est devant vous c'est celui qui a frappé O'Neil et » Sarah. » (Avec désespoir.) Oh oui, oui, ils l'épargneront, et je ne pourrai pas tenir le serment que j'ai fait au malheureux O'Neil.

LE SCHÉRIFF. Calmez-vous! calmez-vous!

SARAH. Un seul espoir me restait! c'était Edith ! et il faut peut-être aussi que je pleure sur elle.

LE SCHÉRIFF. Oh! nous la retrouverons, mistriss; le lord-lieutenant d'Irlande, vous le savez, parcourt en ce moment nos montagnes pour tâcher d'obtenir quelques indices sur son sort : elle reviendra, elle reviendra. (A part.) Je ne pense pas un mot de ce que je dis.

SARAH. Edith est morte, monsieur le schériff, puisqu'Edith n'est pas venue accuser les meurtriers de son père. (Pleurant.) O'Neil, O'Neil! pardonne-moi! pardonne-lui!

Elle fait quelques pas pour sortir.

LE GREFFIER. L'audience va r'ouvrir.

LE SCHÉRIFF. Est-ce que vous ne restez pas pour entendre prononcer le jugement?

SARAH. Je vais prier sur la tombe de mon époux.

Elle sort.

LE SCHÉRIFF. Pauvre femme!... (Regardant à la porte de côté.) Ah! voilà la cour et messieurs les jurés qui rentrent au tribunal.

SCÈNE III

LE SCHÉRIFF, seul. Ça ne sera pas long à présent!... mais le lord-lieutenant qui n'arrive pas! c'est louche, c'est très-louche, la conduite de ce haut fonctionnaire : qu'est-ce qu'il est allé faire dans les montagnes? chercher les traces d'Edith... il l'a dit : mais je crois, moi, qu'il a un autre motif que celui-là pour courir ainsi déguisé.

SCÈNE IV

LE SCHÉRIFF, LE LORD-LIEUTENANT, entrant brusquement.

LE SCHÉRIFF, l'apercevant et se rangeant. Ah, c'est lui!

HARRISSON, il pose lentement son chapeau sur la table et s'assoit; il a l'air triste et abattu. Rien! j'ai interrogé tout le monde, j'ai visité les lieux où fut ma chaumière, j'ai prié, j'ai offert de l'or, rien... pas un indice : on a oublié George Cathlin, sa malheureuse femme et ses enfants!... (Voyant le schériff.) Où en est le procès de Flanagan?

LE SCHÉRIFF. A peu près terminé, monseigneur : son défenseur achève en ce moment la dernière partie de sa plaidoirie, ensuite les jurés se retireront pour rendre leur verdict.

HARRISSON. On n'a saisi aucun nouveau complice?

LE SCHÉRIFF. Aucun... Me sera-t-il permis à mon tour d'adresser humblement une question à son excellence (Signe d'assentiment d'Harrisson); la petite Edith...

HARRISSON. Point de renseignements sur elle, monsieur le schériff, il n'y faut plus penser.

LE SCHÉRIFF. Tenez, sauf meilleur avis, je suis sûr qu'il y a quelqu'un ici qui pourrait dire, lui, ce qu'elle est devenue.

HARRISSON. Flanagan!... oui, il pourrait dire bien d'autres choses encore, mais vous le savez, avant mon départ, je l'ai interrogé plusieurs fois inutilement... oh, j'en rougis en y pensant, schériff, je me suis abaissé jusqu'à supplier ce fanatique, jusqu'à verser des larmes en embrassant ses genoux... il a ri de ma douleur et il a gardé le silence.

On entend la sonnette de l'audience.

LE SCHÉRIFF. Ah! la plaidoirie du défenseur est finie!... (Une porte s'ouvre.) on ramène l'accusé dans sa prison.

Flanagan paraît suivi de deux gardes; la porte se referme.

HARRISSON. Un dernier effort! (Haut aux gardes.) laissez-moi seul quelques instants avec l'accusé.

Les gardes s'inclinent et sortent.

LE SCHÉRIFF, à part. J'aurais bien voulu lui glisser un mot touchant ma nomination.

Sur un geste d'Harrisson, il s'incline aussi et s'en va.

SCÈNE V

HARRISSON, FLANAGAN.

FLANAGAN, à lui-même. Le lord-lieutenant de retour !

HARRISSON, à part. Mon Dieu, inspirez-moi des paroles qui touchent son cœur impitoyable!

FLANAGAN. Que désire de moi son excellence? J'allais rentrer dans mon cachot pour me recueillir au moment devant le ciel : de quel droit le lord-lieutenant d'Irlande prétend-il me retenir ici?

HARRISSON. Toujours farouche et sans pitié!

FLANAGAN. Dis-moi vite ce que tu as à me dire, monseigneur, ou plutôt, si tu le permets, je vais te le dire, moi... cela abrégera notre entrevue. Tu étais parti pour recueillir des renseignements sur une chose que tu m'avais demandée en vain; tu es revenu aussi peu instruit qu'auparavant, et tu as recours à moi pour dernière ressource. C'est cela, n'est-ce pas?

HARRISSON. C'est cela.

FLANAGAN. Eh bien! ordonne qu'on me conduise à mon cachot, car je ne t'apprendrai rien de plus que ce que je t'ai appris déjà.

HARRISSON. Flanagan, l'heure fatale approche cependant.

FLANAGAN. Oui, je le sais, dans quelques minutes je serai jugé.

HARRISSON. Et à cette heure suprême, les heures s'apaisent, le chrétien pardonne.

FLANAGAN. Non.

HARRISSON. Si tes juges te condamnent, tu mourras donc sans rien m'avouer?

FLANAGAN. Sans rien t'avouer, Georges Cathlin, autrefois chef des Pieds-Noirs, et maintenant lord-lieutenant d'Irlande. Vois-tu, nous sommes deux hommes qui ne peuvent pas s'entendre, car ils ont chacun un devoir différent à remplir. Le tien est de poursuivre tes anciens amis jusqu'à ce qu'ils soient exterminés, le mien de savoir souffrir et me taire.

HARRISSON. Mon devoir! je le comprends mieux que toi, et tu n'en as expliqué que la moitié. Oui, je dois poursuivre les assassins jusqu'à ce qu'ils soient exterminés, même quand ils ont été mes amis, mais à ceux qui ne sont qu'égarés, Flanagan, clémence! clémence et réconciliation! J'ai accepté avec enthousiasme cette noble mission que m'a confiée mon souverain; j'ai juré de dévouer ma vie entière à cette grande œuvre, et, le ciel aidant, je tiendrai mon serment.

FLANAGAN. Tu avais juré aussi, il y a vingt-cinq ans, de combattre la tyrannie et de rendre la liberté à l'Irlande.

HARRISSON. Il y a vingt-cinq ans, je croyais l'Irlande mûre pour la liberté : je me trompais.

FLANAGAN. Tu te trompais! c'est le langage de tous les ambitieux... Pauvres et obscurs, ils sont pleins de pitié pour le peuple; puissants, ils l'écrasent et l'insultent.

HARRISSON. Moi, je le sauverai.

FLANAGAN. Renégat!

HARRISSON. Renégat! parce que je n'ai plus les passions fougueuses de mon jeune âge, parce que le temps et le malheur ont mûri ma raison en blanchissant mes cheveux. Écoute, Flanagan, écoute par quelle voie pénible et rude je suis arrivé où je suis; tu m'appelleras renégat encore si tu l'oses. Après notre désastre de Dublin, journée fatale où j'ai perdu mes fils et leur mère, je m'enfuis; un navire m'emmena à l'étranger, j'abordai sur la terre d'Espagne. Bientôt les Français envahirent ce sol sacré; je pris les armes, je fus soldat. L'armée anglaise m'ouvrit ses rangs; j'étais à Talaveyra, aux Arapyles, à Toulouse, partout! j'ai laissé de mon sang irlandais sur chaque champ de bataille. Capitaine, colonel, général, j'ai conquis ces grades par une action d'éclat ou par une blessure; je n'avais qu'un nom proscrit, et mon roi m'a nommé lord-lieutenant d'Irlande. Oh! c'était là que tendaient mes vœux. L'Irlande à gouverner, c'était le rêve de mon cœur! Je craignis pourtant, je l'avoue, que le fardeau ne fût trop pesant pour ma faiblesse, je tremblai devant la responsabilité immense que j'allais assumer sur moi : je vis ma patrie déchirée par les dissensions intérieures, livrée aux horreurs de la guerre civile, sans frein, sans mœurs, je vis l'Irlande repoussant l'asservissement par l'assassinat, et l'Angleterre, à son tour, en rivale généreuse, lui répondant par l'échafaud! Oh! oui, je désespérai d'accomplir ma tâche; mais mon courage se ranima, une voix d'en-haut me cria : « Marche! » et je marchai. J'attachai alors mon regard sur le but que je voulais atteindre, et ce but, mon regard ne l'a pas quitté un seul instant. Le voici, Flanagan, le voici! Je suis venu en Irlande comme un messager de paix et de concorde, je suis venu pour calmer les haines, pour éteindre les ressentiments, pour réunir en un même faisceau les membres divisés de notre grande famille. Des préjugés sauvages vous égarent, je vous éclairerai par l'éducation; la vengeance est votre loi, je l'étoufferai sous le châtiment ou je la dompterai par la clémence. Eh bien! Flanagan, m'accuseras-tu encore, et ne pardonneras-tu pas à Georges Cathlin, au nom du salut de ton pays?

FLANAGAN. Renégat!

HARRISSON. Oh! mais tu es donc impitoyable?

FLANAGAN. Adieu!

Il fait quelques pas pour sortir.

HARRISSON. Arrête! tu te joues de ma douleur! oh! mais tu ne me quitteras pas ainsi, tu te laisseras toucher par mes larmes... Mes enfants! que sont devenus mes enfants?

FLANAGAN. Je ne te le dirai pas. Épargne-toi les prières, elles seraient inutiles : ne t'abaisse pas devant le Pied-Noir qui va monter sur l'échafaud! sa main ne se tendrait pas pour le relever. Regardons-nous face à face, le bourreau et la victime! à chacun de nous sa vengeance : à toi ma vie, à moi mon secret! je suis mieux partagé, cependant, car ta vengeance finira avec ma vie et la mienne durera toujours. Toujours tu appelleras tes enfants en pleurant, toujours tu

les chercheras en vain, toujours leur image sera au fond de ton cœur et tu ne pourras l'en arracher. Oh! je te le répète, ma part est belle! tu voudrais bien changer, n'est-ce pas?

HARRISSON. C'en est trop, j'étais insensé de croire qu'il te restait quelque chose d'humain. Va! tu me fais horreur! (Bruit au dehors.) Quel est ce bruit?

SCÈNE VI

LES MÊMES, DANIEL.

DANIEL, *repoussant des domestiques.* J'entrerai, vous dis-je, je veux parler au lord-lieutenant.

FLANAGAN. Daniel!

DANIEL, *se jetant dans ses bras.* Ah! je n'arrive donc pas trop tard!... le lord-lieutenant, où est-il?

FLANAGAN, à demi-voix. Que prétends-tu? quel est ton dessein?

DANIEL. Vous sauver!

FLANAGAN. Tais-toi, malheureux!

HARRISSON, qui les a observés, s'adressant aux domestiques. Retirez-vous. (A Daniel.) Vous demandiez le lord-lieutenant d'Irlande, jeune homme!... il est devant vous!

DANIEL. Vous, c'est vous monseigneur! eh bien, rendez à Flanagan sa liberté; car Flanagan est innocent!

HARRISSON. Que dites-vous?

FLANAGAN, à demi-voix. Insensé! tu te perds!

DANIEL. Oh! que m'importe? Ne faut-il pas que le coupable subisse le châtiment de sa faute? ne faut-il pas que celui qui commande revendique le danger quand il est venu? Milord, votre proclamation promet oubli et pardon aux Pieds-Noirs, si leur chef vous est livré : je suis le chef des Pieds-Noirs. Oubli et pardon pour mes frères qui devaient m'obéir; la mort pour moi! Voici ma tête!

FLANAGAN. Ne le croyez pas! il ment!

DANIEL. Je ne mens pas, monseigneur! je jurerais, et Flanagan ne jurerait pas, lui! c'est moi, monseigneur, moi, Daniel, que l'Irlande a choisi pour faire triompher notre cause sacrée! C'est moi qui, d'un mot, répands le trouble et la désolation, qui mets la torche enflammée aux mains de l'incendiaire, la balle dans la carabine de l'assassin! Ils sont les instruments qui exécutent; je suis la pensée qui dirige. Vous ne pouvez pas m'épargner sans manquer à votre parole; non, vous ne le pouvez pas, monseigneur, car ce serait une lâcheté et une trahison!

HARRISSON. Ton dévouement pour ce vieillard t'égare, Daniel! réfléchis donc! c'est l'échafaud que tu réclames!

DANIEL. C'est mon droit!

HARRISSON. Flanagan, persistes-tu à ne pas reconnaître ce jeune homme pour le chef des tiens?

FLANAGAN. Oui!

DANIEL. Le serment, Flanagan, le serment!

FLANAGAN, hésitant, tremblant et d'une voix forte. Oh! jamais, jamais!

DANIEL. Vous entendez, milord! sa conscience se réveille! Je le disais bien, qu'il n'oserait pas jurer!

HARRISSON. Qui t'a retenu jusqu'à présent, jeune homme? cet aveu que tu me fais, qui t'empêche de le faire plus tôt?

DANIEL. Un saint devoir que j'avais à remplir, monseigneur. Oh! mais j'y songe, vous m'apprendrez peut-être ce qu'elle est devenue, elle.

HARRISSON. Elle! de qui parles-tu? est-ce de Sarah, la femme d'O'Neil? elle a survécu aux coups de ses assassins, et elle est ici!

DANIEL. Je sais cela; mais ce n'est point de Sarah que je parle!

HARRISSON. De qui donc?

DANIEL. D'Edith, de sa fille!

HARRISSON. Quel intérêt as-tu à connaître son sort?

DANIEL. C'est un secret entre elle et moi, monseigneur!

HARRISSON. C'est que tu prétends garder, je vais te l'arracher, moi, Daniel! Edith, tu l'as appris sans doute, était présente au meurtre de son père et de sa mère!

DANIEL, avec horreur. Oh!

HARRISSON. Cachée dans la chambre même où s'est commis le crime, elle a eu l'affreux courage de tout voir, sans proférer une plainte, sans pousser un cri!

DANIEL. Elle était là!... elle a tout vu!... elle m'a vu alors, car en ce moment, je m'en souviens, je n'avais pas mon masque!... (Avec désespoir.) Oh! la mort, la mort, monseigneur, sans qu'Edith soit confrontée avec Daniel; la mort, puisque j'avoue...

HARRISSON. Edith a disparu, et elle n'est pas là pour t'accuser!

DANIEL. Eh bien! la mort avant qu'elle ne vienne; car elle viendra! fût-elle dans la tombe, voyez-vous, elle sortira de la tombe pour venir. Monseigneur, où sont les juges?

HARRISSON, lui montrant le côté. Là!

DANIEL. Ah! merci, merci!

FLANAGAN, l'arrêtant. Tu n'iras pas, Daniel!

DANIEL, se débattant. Laisse-moi!

FLANAGAN. Lord-lieutenant d'Irlande, vous me demandiez tout à l'heure ce qu'étaient devenus vos deux fils! Je vais vous en instruire à présent, oh! oui, je vais vous en instruire, car ma haine pour vous cède à mon affection pour lui : l'un, John, est mort, il y a huit jours, sur l'échafaud, à Dublin; l'autre... l'autre est devant vous, milord! Tuez-le aussi, si vous voulez!

HARRISSON. Que dis-tu, malheureux? Daniel...

FLANAGAN. Est votre fils, le fils de Catherine.

HARRISSON. Mon fils! lui! lui!

DANIEL. Vous, mon père!

HARRISSON. C'est une ruse, vieillard! tu espères le sauver par ce mensonge! Des preuves, des preuves! tu n'en as pas?

FLANAGAN, ouvrant la poitrine de Daniel et arrachant le chapelet. Regardez, milord!

HARRISSON, considérant le chapelet. Ce chapelet! cette croix d'or où sont entrelacés deux chiffres! (Passant la main sur ses yeux.) Oh! ma vue se trouble! (Considérant le chapelet.) Oui, oui, c'est celui de Catherine et le mien! (Se jetant dans les bras de Daniel.) Mon enfant, mon enfant!

DANIEL. Mon père!

FLANAGAN. Il le portait à son cou, ce chapelet bénit, quand je le rencontrai avec son frère John, errant et pleurant sur nos ruines. Regardez-bien, milord, sur ce chapelet il y a du sang! Tenez, là, du sang presque noir, il y a seize ans qu'il a coulé : c'est celui de sa mère, assassinée par les dragons de Cornill! et puis du sang plus frais, du sang qui fume encore! tenez, là, c'est celui de son frère John, assassiné à Dublin, il y a huit jours, par la justice de l'Irlande!

HARRISSON, pleurant. Horreur! horreur!

FLANAGAN. Et maintenant, laissez aller Daniel devant ses juges, et demain, il y aura un sang nouveau sur ce chapelet, celui de votre dernier enfant.

HARRISSON, serrant Daniel convulsivement. Oh! non, non! ils ne me l'arracheront pas, lui! Mon Dieu! ma pauvre Catherine tuée, tuée lâchement! un de mes fils tué, sur un échafaud! l'autre qu'ils vont me tuer aussi! Non, vous ne le souffririez pas, mon Dieu! et moi, je saurais bien leur arracher leur victime, fallût-il appeler l'Irlande aux armes et devenir rebelle une seconde fois!

FLANAGAN. Le ciel t'entende, Georges Cathlin!

DANIEL. Oh! pouvez-vous parler ainsi, mon père? oubliez-vous donc qui vous êtes? Appeler l'Irlande aux armes, vous qui avez reçu la mission sainte de lui donner la paix! devenir rebelle, vous qui représentez ici votre roi! pour me sauver la vie perdre l'honneur, cela ne sera pas! vous me laisserez mourir, parce que c'est justice, d'abord, et puis parce que je le veux, parce que je ne peux plus vivre, parce que j'ai hâte de quitter ce monde où je n'ai connu que le malheur et l'abandon. Vous me laisserez aller rejoindre mon jeune frère John, cet ange qui est au ciel et qui m'attend! (Le pressant dans ses bras.) Oh! n'est-ce pas que vous ne sacrifierez pas votre devoir à l'intérêt de votre fils? répondez-moi que vous ne le ferez pas, mon père, afin que ma conscience soit en repos et que j'aie du courage pour mourir!

HARRISSON. Mon Dieu! mon Dieu!

DANIEL. D'ailleurs vos efforts seraient inutiles! Edith m'a vue, Edith reviendra pour m'accuser! elle... Oh! ne vaut-il pas mieux que je m'accuse moi-même!

HARRISSON. Écoute, Daniel, écoute, mon enfant bien-aimé! tu viens de déchirer mon cœur! Tu m'as rappelé au sentiment de mon devoir; ta loyauté sévère m'a forcé à rougir de moi! N'importe! la volonté du lord-lieutenant saura imposer silence à la faiblesse du père! Justice sera faite s'il le faut! mais à une condition cependant; un seul témoin peut t'accuser! tu trahiras ce témoin paraisse et t'accuse. A ce prix, je te le jure, je ne tenterai rien pour te sauver! Eh bien! ce sacrifice ne mérite-t-il pas celui que je te demande? Tu te tairas, mon Daniel! promets-moi que tu te tairas! tu ne peux pas faire moins pour ton père! Allons, allons, promets-le-moi!

DANIEL. Vous l'exigez?

HARRISSON. Oh! je t'en supplie à genoux.

DANIEL. Vous serez obéi, mon père!

SCÈNE VII

LES MÊMES, L'HUISSIER, sortant de côté.

L'HUISSIER, s'approchant de Flanagan. Venez, vous allez entendre votre arrêt.

Il amène Flanagan devant les juges.

DANIEL, bas à Harrisson. Ils vont le condamner, mon père!

HARRISSON, bas aussi. Attends!

DANIEL. Le chef du jury se lève!

LE PRÉSIDENT DE LA COUR, de la coulisse. Monsieur le chef du jury, rendez votre verdict.

Une grande agitation se manifeste au dehors; elle est excitée par des cris confus : la porte du fond s'ouvre; Sarah entre, entraînant après elle Edith qu'elle enlace de ses bras.

SARAH, paraissant. Arrêtez, arrêtez!

SCÈNE VIII

LES MÊMES, SARAH, ÉDITH, PEUPLE, JURÉS, JUGES, sortant de côté.

SARAH. La voilà, ma fille, que j'ai retrouvée; la voilà qui vient accuser les meurtriers de son père, elle qui était là, elle qui a tout vu!

Le peuple qui est dans la salle d'audience se précipite auprès de Sarah et d'Édith.

DANIEL, à Harrisson, avec désespoir. Perdu, perdu sans ressource.

HARRISSON, le retenant fortement. Attends, attends!

SARAH. Regardez comme elle est pâle, comme ses yeux sont fixes, comme ses joues sont creusées par la douleur; c'est qu'elle a tant souffert! c'est à peine si elle peut se soutenir.

ÉDITH. Où suis-je? qui m'a mené ici? (Se tournant vers le peuple.) Et que me voulez-vous? (Avec un sourire.) Ah! je sais, je sais.

HARRISSON. Horrible incertitude!

ÉDITH. Vous riez de moi, n'est-ce pas, parce que mes habits sont déchirés, parce que mes pieds sont nus, ça m'est égal! Les petits enfants de Derncleugh, où j'ai passé hier, riaient aussi, et ils criaient en courant après moi, et ils m'ont jeté des pierres, et ils ne m'ont pas donné un morceau de pain.

SARAH. Edith, Edith!

ÉDITH. Et puis les femmes de Derncleugh se détournaient de moi avec horreur : C'est Edith, la coupable Edith, qui a déshonoré sa famille, qui porte dans son sein le fruit du crime!

Mouvement général.

SARAH. Oh!

ÉDITH, la repoussant une seconde fois. Laissez-moi donc; d'ailleurs c'est vrai! (D'une voix forte, se tournant vers la foule.) Écoutez tous; mais par pitié ne me jetez pas des pierres comme les petits enfants de Derncleugh; ne me maudissez pas comme les femmes de Derncleugh : je l'aimais tant! il était si noble et si loyal...

Harrisson regarde Daniel.

SARAH. Ne la croyez pas, c'est le chagrin qui a égaré un moment sa raison, mais elle va revenir à elle.

ÉDITH, saisissant Harrisson par le bras. Vous êtes le magistrat, vous, dites : il y a une loi en Angleterre qui force le séducteur à rendre l'honneur à la pauvre fille qu'il a séduite... lisez-moi la loi, car il faut qu'on me rende l'honneur, voyez-vous, il faut que mon enfant ait un nom.

SARAH. Ah! l'infortunée! elle est folle!

Rumeur de compassion parmi la foule.

DANIEL. C'en est trop, je ne puis supporter ce spectacle affreux! je veux parler, je veux mourir!

HARRISSON, à voix basse. Mourir! toi, mon fils, mon Daniel! le seul bien qui me reste maintenant... oh! tais-toi, tais-toi.

SARAH, près d'Édith. Edith!

ÉDITH. Ah! c'est toi, Patrick! eh bien, je suis heureuse, il est venu.

SARAH, à Edith. Qui est venu?

ÉDITH. Qui? celui que j'aime, celui qui est mon âme, ma vie, tout!

SARAH. Mais son nom?

ÉDITH, mettant le doigt sur ses lèvres. Chut! tu sais bien que nous ne devons jamais le nommer!

SARAH. Edith, mon Edith, regarde-moi; je suis Sarah, Sarah, ta mère!

ÉDITH. Ma mère, elle est morte, mon père aussi; ils sont montés tous deux au ciel, et ils ont laissé la petite Edith seule pour les pleurer.

SARAH. Non; tous deux ne sont pas au ciel, Edith; ta mère est restée elle; écoute bien ce que je vais te dire, mon Edith : il y a huit jours, nous étions à notre ferme, tu sais, c'était la nuit! Des assassins sont venus chercher ton père O'Neil, et ils l'ont entraîné dans le jardin, et ils l'ont tué! oui, tué, ma fille; ensuite ils ont voulu aussi tuer ta mère... tu étais cachée, tu as vu les assassins, eh bien, il faut dire quels sont les assassins, mon enfant.

ÉDITH. S'il m'avait trompée, Patrick, si la pauvre Édith, était abandonnée par lui, cachant sa tête dans ses mains, oh! ce serait infâme! car j'ai tout oublié pour lui; je savais qu'il était l'ennemi de notre famille, que sa religion n'était pas la mienne, et que le ciel avait horreur de notre amour; je savais cela! et je l'ai aimé cependant, lui l'hérétique réprouvé, lui, le chef terrible des Pieds-Noirs!

SARAH. Des Pieds-Noirs!

ÉDITH. Mais il ne faut pas le dire, qu'il est le chef des Pieds-Noirs, montrant; il a sans doute commis aussi quelque crime, lui; et c'est l'échafaud qui l'attend!

SARAH, la saisissant violemment. Malheureuse! eh quoi, tu as dit vrai? ta raison n'était donc pas égarée? tu as été séduite par un misérable, par le meurtrier de ton père et de ta mère peut-être; et tu prétends le sauver! Mais tu veux donc être maudite?

ÉDITH, tressaillant. Maudite! Qui a prononcé ce mot-là Maudite?

La cloche de Dublin sonne trois heures.

SARAH. Trois heures! c'est à ce moment; Édith, Édith, as-tu entendu?

ÉDITH. Oui.

SARAH. Cette cloche a sonné trois fois aussi, quand s'est commis l'épouvantable meurtre... te souviens-tu? au dernier coup tu étais orpheline... te souviens-tu?... (Silence d'Édith, mais de l'agitation pourtant.) Rien, rien! oh! un voile s'étend sur mes yeux, mes genoux fléchissent... O'Neil, je vais me réunir à toi.

Elle tombe violemment à terre; elle est dans la même position qu'au deuxième acte, près du mur, quand elle eut été frappée par la balle de Flanagan; Édith s'approche d'elle et la regarde; elle la touche de sa main, puis recule précipitamment en donnant des signes d'horreur, comme si elle avait du sang à la main; elle passe ses doigts dans ses cheveux, et semble réfléchir, ensuite, par un mouvement machinal, elle s'avance vers un crucifix qui surmonte un prie-Dieu, le prend et l'étend lentement sur le corps de Sarah.

ÉDITH, la croix à la main. Sur cette croix, ma mère, je le jure, je le jure, tu seras vengée! (Poussant un cri.) ah! je me souviens... (Elle se jette sur le corps de sa mère et la soulève.) Ma mère, ma mère! (Après une pause) inanimée, froide comme le jour où j'ai prononcé mon serment... oh! que je te ranime sous mes baisers, ma mère; c'est moi, c'est ton Édith qui vient tenir la promesse qu'elle t'a faite.

SARAH, revenue à elle et qui a entendu ces derniers mots. Ma fille!

ÉDITH. Conduis-moi auprès des juges ma mère, que je leur désigne l'assassin; car je l'ai vu... oh! quelle horrible pensée, mon Dieu! Aurai-je cet affreux courage?... moi le livrer!... ah!... jamais... jamais!

SARAH. Son nom.

ÉDITH, apercevant Daniel. Ah! le voilà! vous, Daniel!

SARAH, à Harrisson. Lord-lieutenant, justice de ce meurtrier!

HARRISSON. Mais...

SARAH. Justice de ce meurtrier, vous dis-je!... ma fille a recouvré la raison, milord, et ma fille le reconnaît! vous, justice!

HARRISSON, à part. Que faire!

DANIEL, de même. Je n'ai plus qu'à mourir!

Il vient à la porte du tribunal.

FLANAGAN, en dehors. Laissez-moi, laissez-moi!

Il échappe aux soldats, qui essaient de le retenir.

HARRISSON. Que veut cet homme?

FLANAGAN. Cet homme vient mourir ici, car il a préféré le poison à la honte de monter sur un échafaud!

DANIEL, le soutenant. Le poison!

FLANAGAN. Oui; j'ai à rendre ici un dernier témoignage, et la mort seule pouvait donner de l'autorité à mes paroles... Lord-lieutenant, écoutez-moi. (Aux jurés.) Vous aussi dont j'ai désiré la présence à cette heure suprême; vous surtout, Édith, Sarah, que j'ai rendues veuve et orpheline, écoutez-moi, et croyez-moi. (Après une pause.) Devant Dieu, au tribunal duquel je vais paraître, et à qui seul je reconnais le droit de me juger, je déclare que c'est moi, Flanagan, qui suis coupable; Daniel ne voulait pas lui, qu'O'Neil et sa femme mourussent... Daniel aurait donné sa vie pour les sauver... si je mens, que Dieu me punisse en damnant mon âme.

ÉDITH. Oh! ma mère! vous l'entendez! Daniel n'est pas coupable!

HARRISSON. Sarah, serez-vous impitoyable?... ah! vous êtes attendrie; assez de cruelles représailles, n'est-ce pas?... il est temps que notre patrie respire et se relève. Au nom de ceux qui sont morts dans les rangs protestants ou catholiques, sur les champs de bataille ou à leurs foyers, au nom de tout le sang généreux qui a coulé sous la balle loyale du combattant ou sous le poignard du meurtrier; je crie oubli et pardon à mes frères d'Irlande. Sarah! voulez-vous, comme le malheureux Georges Cathlin, dont la femme et le fils ont été massacrés aussi, voulez-vous crier oubli à nos frères d'Irlande?... Flanagan, ta main veut-elle toucher la mienne?

FLANAGAN, après un long silence. Jamais!...

Il expire.

DANIEL. Mort!

ÉDITH, suppliante. Ma mère! ma mère!

Daniel suppliant; Édith aux genoux de sa mère; Sarah le regarde.

SARAH, tendant enfin la main à Daniel. Oubli et pardon!

FIN

POISSY. — TYP. ET STÉR. DE A. BOURET.

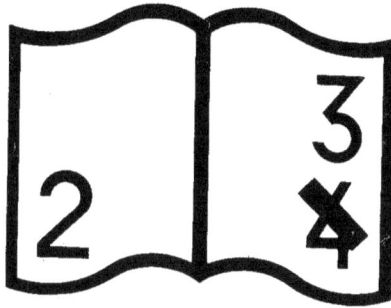

Pagination incorrecte — date incorrecte

NF Z 43-120-12

Reliure serrée

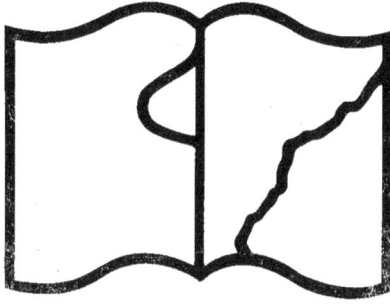

Texte détérioré — reliure défectueuse

NF Z 43-120-11

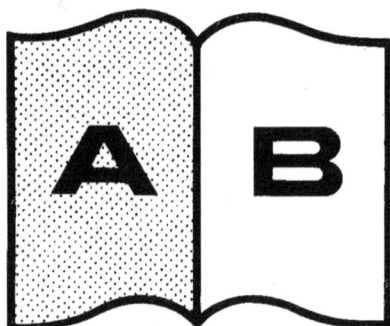

Contraste insuffisant
NF Z 43-120-14

www.ingramcontent.com/pod-product-compliance
Lightning Source LLC
Chambersburg PA
CBHW060203070426
42447CB00033B/2427